滇版精品出版工程专项资金资助项目

深山走出脱贫路

云南人口较少民族脱贫发展之路

基诺族

丛书主编：杨泠泠

本册编著：徐何珊

基诺 大鼓奏响幸福声

◎《深山走出脱贫路》编委会 编

YNK 云南科技出版社

·昆明·

图书在版编目(CIP)数据

基诺大鼓奏响幸福声 /《深山走出脱贫路》编委会编. -- 昆明：云南科技出版社，2025

（深山走出脱贫路：云南人口较少民族脱贫发展之路）

ISBN 978 – 7 – 5587 – 4844 – 8

Ⅰ. ①基… Ⅱ. ①深… Ⅲ. ①基诺族 – 扶贫 – 研究 – 云南 Ⅳ. ①F127.74

中国国家版本馆 CIP 数据核字（2023）第 082981 号

基诺大鼓奏响幸福声

JINUO DAGU ZOUXIANG XINGFUSHENG

《深山走出脱贫路》编委会　编

丛书主编:杨泠泠

本册编著:徐何珊

出 版 人:温　翔

责任编辑:洪丽春　蒋朋美　曾　芜　张　朝

助理编辑:龚萌萌

封面设计:解冬冬

责任校对:秦永红

责任印制:蒋丽芬

书　　号:ISBN 978 – 7 – 5587 – 4844 – 8

印　　刷:昆明天泰彩印包装有限公司

开　　本:787mm×1092mm　1/16

印　　张:10.25

字　　数:237 千字

版　　次:2025 年 2 月第 1 版

印　　次:2025 年 2 月第 1 次印刷

定　　价:68.00 元

出版发行:云南科技出版社

地　　址:昆明市环城西路 609 号

电　　话:0871 – 64114090

前
言

　　"全面建成小康社会，一个民族都不能少"是中国共产党的庄严承诺。党的十八大以来，全国面临艰巨的压力和严峻的挑战，我们党带领全国人民，投入人类历史上规模空前、力度最大、惠及人口最多的脱贫攻坚战中，历史性地解决了农村绝对贫困问题，亿万农民同步迈入全面小康，朝着共同富裕的目标迈出了坚实的一大步。2020年，云南省88个贫困县全部实现脱贫摘帽，8502个贫困村全部脱贫出列，11个"直过民族"和人口较少民族实现整族脱贫。困扰云南千百年的绝对贫困和区域性整体贫困问题历史性地得到解决。

　　现代意义的基诺族曾经被称为"攸乐"或"攸乐人"，自称"基诺""基诺册饶""基诺阿饶""基诺珠"等，意为"基诺人共同体"，"基"即舅舅，"诺"即后边或后代。基诺族是我国最后一个经国务院所确认的单一少数民族，是我国第56个民族。在脱贫攻坚这场没有硝烟的战役中，基诺族民众与中国共产党坚定地站在一起，迎来了民族历史发展的重要转折。特别需要铭记的是，

深山走出脱贫路
云南人口较少民族脱贫发展之路

2016年，第三轮扶持规划制定并实施以来，基诺族人民充分利用产业扶持政策、教育扶持政策、社会保障政策、医疗扶持政策等人口较少民族扶持政策，勠力同心、不懈努力，充分发挥其沿边区位、自然资源丰富、民族文化传统及生态优势，政策叠加效应凸显，迎来了翻天覆地的变化。

历史需要铭记，模式需要总结，经验需要推广。作为中国最后一个被识别的民族，基诺族被赋予了更多的关注和期待。从莽荒到自立、从贫困到振兴、从果腹到小康、从蛮荒到文明、从苦难到幸福、从依靠到团结——该书力图聚焦不同的变迁和跨越，分别阐述和论证时代的伟大，展示这段历史的恢宏。

恩情难忘，我们还在奋进的路上。

目　录

从莽荒到自立：中华民族大家庭中最后被识别的"小兄弟" … 1

生活在祖国西南边陲深山雨林中的基诺族 ……………… 2

翻天覆地　当家作主 …………………………………… 8

最后一个被国家确认的民族 …………………………… 12

从贫困到振兴：扶贫之路通向富裕的受益人 ………… 16

基诺山漫漫脱贫路 ……………………………………… 17

国家扶贫指示：一定要使基诺族兄弟尽快富裕起来 … 21

精准扶贫实施下的整族脱贫 …………………………… 27

乡村振兴奔向繁荣 ……………………………………… 36

从果腹到小康：绿水青山就是金山银山的践行者 ……… 41

摆脱靠山吃山的重度资源依赖 ………………………… 43

绿色生态产业见成效 …………………………………… 48

攸乐茗茶再放异彩 ……………………………………… 54

旅游与消费扶贫 ………………………………………… 68

从蛮荒到文明：保护生态环境　建设美丽家园的主人翁 … 76

森林保护与生态治理 …………………………………… 78

农村自然环境的提升 …………………………………… 82

　　基础设施的完善 ……………………………………… 89
　　人居环境与美丽家园的建设 …………………………… 93

从苦难到幸福：实现美好生活的追梦人 ……………… 98
　　社会保障利民生 ………………………………………… 99
　　健康扶贫发展医疗卫生事业 …………………………… 102
　　发展教育培养人才 ……………………………………… 106
　　文化自信放光芒 ………………………………………… 112

从依靠到团结：与各民族携手共建繁荣的共同体 ……… 117
　　党建引领照亮边疆治理 ………………………………… 118
　　内生动力与外在帮扶的良性互动 ……………………… 126
　　基诺山的扶贫感恩纪实 ………………………………… 134
　　携手同行迈向共同富裕 ………………………………… 152

参考文献 ……………………………………………………… 155
后　记 ………………………………………………………… 157

深山走出脱贫路

云南人口较少民族脱贫发展之路

从莽荒到自立：
中华民族大家庭中最
后被识别的「小兄弟」

基诺族是 56 个中华民族大家庭中最后被识别的一个少数民族，共有 23143 人，是云南省 8 个人口较少民族之一，也是全国 28 个人口较少民族之一，语言属汉藏语系藏缅语族彝语支，分为基诺山基诺语和补远山基诺语两种方言，二者在语音、词汇、语法等方面差别明显，基诺族无本民族文字，主要靠刻木记事。基诺，意为舅舅的后代，基诺族主要聚居于西双版纳傣族自治州景洪市基诺山基诺族乡（汉文曾根据基诺语将"基诺山"译写为"攸乐山"），其余分散居住于邻近于基诺族乡勐旺补远、大渡岗乡、勐养镇、勐罕镇的橄榄坝、勐仑镇、象明彝族乡、允景洪街道等地。

生活在祖国西南边陲深山雨林中的基诺族

基诺山基诺族民族乡是基诺族的发祥地及主要聚居区，也是基诺族的政治、经济、文化中心。基诺山基诺族乡位于云南省南部，地处西双版纳傣族自治州景洪市东北部，东经 100°25'~101°25'，北纬 21°59'~22°59'，距景洪市区 27 千米，东接勐腊县勐仑镇、南连勐罕镇、西靠勐养镇、北邻大渡岗乡。全乡辖巴亚、司土、巴来、新司土、洛特、巴卡、茄玛 7 个村委会共 46 个村民小组。2021 年末，全乡共有 4140 户 15006 人，其中，农业人口 13721 人，占全乡总人口的 91.44%，基诺族 12772 人，占全乡总人口的 85.11%，人口自然增长率为 0.9‰，辖区内居住着基诺族、汉族、哈尼族、傣族、拉祜族、布朗族、彝族等民族。从基诺山以基诺族命名的状况来看，基诺族定居在这块土地上已有悠久的历史。据道光《云南通志》载，三撮毛，即罗黑派，其俗与摆夷、僰人不甚相远，思茅有之。男穿麻布短衣裤，女穿麻布短衣筒裙。男以红黑藤篾缠腰及手足。发留中、左、右三撮，以武侯曾至其他，中为武侯留，左为阿爹留，右为阿嬷留；又有谓左为爹嬷留，

右为本命留者。以捕猎野物为食。男勤耕作，妇女任力。[1]根据外形特征描述，其被史学家认为是基诺族先民。

巴亚村委扎吕村鸟瞰图（供图：基诺族乡政府）

基诺山地处云南边陲，位于横断山脉无量山余脉丘陵地带，是云南普洱茶古六大茶山之一，基诺山基诺族乡（以下简称基诺族乡）全乡国土总面积622.9平方千米，其中国家级自然保护区面积8.6万亩[2]，耕地面积1.84万亩，国有林39.65万亩，森林面积59.4万亩，森林覆盖率达94.01%。95%以上土地坡度在25°以上，是典型的纯山区民族乡，是集边境、山区、民族"三位一体"的欠发达地区。过去基诺山是莽莽的原始森林，不仅有凶猛的野兽和蛇虫鼠蚁，终年还笼罩着浓重的雾气，加之艰险狭窄的山路，成了外人眼中难以到达的"瘴疠之地"。外来人轻者水土不服，腹泻头晕，重者受疟疾和毒虫缠身，性命难保。辖区地处北回归线以南低纬度地带，属北热带和南亚热带湿润季风气候，兼有大陆性气候和海洋性气候的优点而无其缺点，全乡最高海拔1691米，

---

① 详见道光：《云南通志》，《南蛮志·种人》六之十《三撮毛》。
② 亩：土地面积单位（非法定），1亩≈666.67平方米，全书特此说明。

最低海拔 550 米；年平均气温 18~20℃，年日照 2100~2200 小时，年降水量 1100~1400 毫米，相对湿度 78%，年均日照数 1852.14 小时，雨量充沛，气候温和，土地肥沃，适宜种植稻谷、橡胶、茶叶、砂仁、水果等热带经济作物。境内生长着名目繁多的野生动植物，有多种国家级保护动植物，是重要的物种基因库。水资源较为丰富，主要河流有小黑江、南星河、南本河、菜阳河、巴卡河等。

丰富的自然资源带给基诺族天然的恩惠，基诺族人就在这青山密林中繁衍生息，过着与世隔绝的生活。这里的人们很少与外界接触，靠山吃山，过着简单的刀耕火种、狩猎采集的生活，原始农业占主要地位，生产力极为低下，生产方式落后。基诺族社会历史发展缓慢，直到 20 世纪 50 年代，仍处在原始社会末期的农村公社阶段，残存着原始公社制的基本特点。

基诺语"阿嫫腰白"即"创世母亲"，是基诺口传创世史诗的主题。创世母亲创造了天地万物，但万物会讲话，且争吵不休，于是她用洪水淹没大地以再造人类。为了保护人种，她精心创造了一棵不会说话的大树，取其一段后挖空树心，制成一面大鼓，让一对人种玛黑与玛妞进入鼓中躲避洪水。这神奇的木鼓随水漂流至基诺山停下，最终繁衍了人类。这一美妙神话在世界性洪水故事与再造人类的创世纪中别具一格。在基诺人心中，"阿嫫腰白"是神圣的人祖信仰，基诺山寨整木制牛皮木鼓名为"司土"，被尊为创世女祖的遗产，专置于山寨寨长"卓巴"的家中。木鼓是主宰山村生灵的"至上神"，卓巴也就因此而被赋予了神性权威。每当新年伊始，卓巴祭鼓仪式的鼓声响起，头戴披风帽、身穿合缝开口筒裙的妇女与盛装男子们，齐集卓巴家歌舞狂欢，这一人文内涵丰富、盛大而隆重的节日被法定为基诺民族的"特懋克"节。除此之外，基诺族一年中还有多项农祭仪式，皆为卓巴指挥山地农业的人文传统。解放以前，基诺社会是父系制，家长、寨长、巫师、祭司都是男性，女子出嫁与父子联名，但女人当家是竹楼主人且有神圣离婚权等习俗则是母系制特色，局部村社氏族内婚现象的存在又是血缘社会的遗迹，这种社会发展中曾有多次历史跳跃却步步都未到位的现象，是基诺族原生热带丛林文化的一大特点。

直至 20 世纪 50 年代中期，基诺族尚处于原生农村公社时代，村寨是地缘组织，土地公有，小部分私有。人们开始使用铁器，但弓、弩与竹木工具仍在使用。传统经济以山地农业为主，实行 13 年分片轮作制，加上 40 多个旱谷品种的优选，马鹿、野牛等众多野兽的猎获，人们生活虽艰苦简陋，却也与大自然

保持了和谐共生。社会上有了男狩猎、竹编和女采集、纺织的社会分工，经过传统成年礼洗礼的男女婚恋自由，两性社会地位基本平等。

昔日刻竹记事，有米、盐、鸡等7种竹刻记录村民贡纳，专人刻毕从中划开，左半片有洞，用绳串起归公，右半片归贡纳人，年终结算，准确无误，似古国符节之原形。

热带丛林中的基诺山村自成一体，歌唱文化是基诺族文化延续与发展的重要载体。有音乐人在采风中竟获得不同曲调的基诺族歌曲300首。文字史前基诺族人人能歌，节庆时的歌声常通宵达旦，恋爱中的男女更以情歌开道，这都源于其悠久的歌唱文化：婴幼儿时听摇篮曲，童少年时唱儿歌，成年礼后唱情歌，婚后唱礼俗歌，寨老祭司唱神性长歌，如此世代口耳相传，歌唱就成了天赋人权。当聆听长老们吟唱《"巫师"神女》时，会令人想起屈原《离骚》中的神女恋，而《"祭司"神女》的低吟可以忆起曹植的《洛神赋》。捕获大型猎物欢庆时所制作的七音竹筒乐器和歌曲《奇科》，还承载着基诺族深奥的狩猎文化与神性文化。

20世纪80年代的基诺族（摄影：杜玉亭）

5

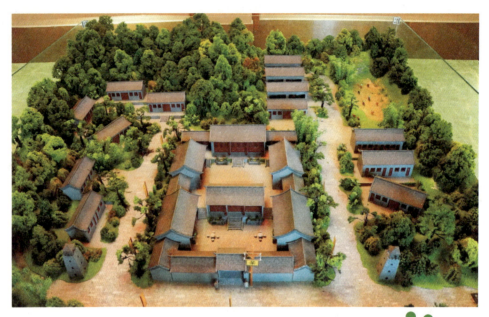

攸乐同知博物馆模型（摄影：徐何珊）

在长期的历史发展阶段，基诺族一直直接或间接地接受傣族领主和历代封建王朝的统治。1160年，傣族领袖帕雅真统一了各部落，在景陇（今景洪）建都，建立"景陇金殿国"（又称勐泐国），辉煌时期曾辖12城，包括101个勐，基诺山也属于其领地。元代开始在此设立彻里路，委任傣族土官进行统治，明代又改制为车里宣慰司。勐养土司统治基诺山，基诺族长期遭受着不平等的封建剥削，土司的统治一直延续到清代。①正如基诺族史诗歌谣所描述的，傣族封"帕、乍、先"等诸级头目统治管辖着他们，基诺族百姓依附于领主的土地上辛勤劳作，向各级头人上缴税赋。过去，由于生产力低下，民族人口贫乏，社会发育程度低，且没有文字，基诺族被认为是未开化的野人，社会地位很低，被外人蔑称为"卡诺"，"卡"即野蛮之意，带有歧视性。贫穷落后的基诺族长期躲在深山里，不与外人接触，只有特定的赶集日才背着山货下山，用茶叶、中药材、野味等与傣族、汉族及其他民族交换劳动工具和生活必需品。

由于基诺山的自然条件适宜种茶叶，基诺族种植茶叶渊源已久，基诺山古称为"攸乐山"，古代六大茶山之首。普洱茶是皇帝享用的有名的贡品，清政

---

① 杜玉亭：《基诺族简史》，云南人民出版社1985年版，第41页。

府为了在经济上对普洱茶的生产、经销进行控制，加强对西双版纳的政治统治，雍正七年（1729年），清政府"设普洱府，又设同知，分驻攸乐"。清朝政府为了控制这盛产茶叶的"咽喉之地"，在司土老寨动工修建"攸乐城"，设官驻军500人。在道光《云南通志》有记录，攸乐同知东至南掌国界七百五十五里，西至孟琏界六百里，南至车里界九十五里，北至思茅界四百四十二里，东西距一千三百五十五里，南北距五百三十七里。攸乐城兴废时间为1729—1735年。据道光《云南通志》卷一百三十六载，思茅厅攸乐土目：〔寨册〕管村寨三十二。雍正十年（1732年）裁撤，普安营汛公举叭竜横管理附近村寨，传至刀直乃，乾隆四十五年（1780年）袭。由此可知，攸乐同知北移前，为了维持攸乐城所在地——今景洪市基诺族乡一带的治理，经由攸乐城官兵的直接统治到由当地的攸乐土目进行世袭统治。由于这里"烟瘴甚盛"[①]，驻军和行政官吏病死较多，经朝廷批准，裁除攸乐同知，遂"改土归流"。而就在修建攸乐城的历史过程中，至今还流传着基诺族屈辱悲壮的历史故事。据说筑城时15岁以上的男子都被调去服役，而城修好后，除了不满15岁的两兄弟叶巧和叶卜鲁，其余亚诺寨的男子均被清朝官员骗进城里杀死。虽然传说有夸大之嫌，但可看到清朝官员对基诺族的压迫奴役史影。可见，基诺族在漫长的历史岁月中，生活艰辛，地位低下，长期忍受着中央和地方统治者的奴役。

直到中华人民共和国成立前，基诺族人民一直处于勐养土司和国民党保甲制度的双重统治下。平时还经常遭受奸商的盘剥。国民党统治时期，对基诺族实行愈发严酷的剥削，苛捐杂税多如牛毛。据有关资料记载，国民党政府委派王字鹅任车里县长期间，曾向基诺族征派公马费、救国费、学兵费、征兵费、收益捐、牲畜捐、区公费、枪弹费、笔墨费、猪鬃捐、麻风费等20多种苛捐杂税。20世纪20年代初至40年代初，税赋激增20余倍。1940年，当时的谷价是一个半开买谷25千克，一家纳税五六十个半开，一年要卖出1500千克谷，把刀耕火种的村民逼迫到了难以生存的境地。如此重负把基诺族人民压得喘不过气来。饱受压榨的基诺族联合各山区民族于1941年11月至1943年4月发起为了民族生存之反抗，并以和谈的方式取得了胜利。在这场保卫民族生存的惨烈战斗后，整个民族只剩下三四千人，但民族平等的愿望已经萌生，民族生存的权利已经觉醒。

---

① 普洱市政协：《普洱府史料》；尹继善：《筹办普思元新善后事宜疏》。

当时有一首基诺语民歌唱道:"布基焦夺,布基焦夺,基诺泽差略焦夺。"意为:盼星星,盼月亮,基诺人盼望出太阳。[①]中华人民共和国的成立给基诺人民带来曙光。1950年2月,中国人民解放军野战军37师、38师114团和边纵九支队机动营到达勐养,途经基诺山,并于17日结束了南桥龟山战斗,解放了西双版纳全境。自此,基诺族人民和西双版纳各族人民一道步入新纪元。1950年,勐养建立区政府,基诺山归勐养管辖。中国共产党对民族地区的变革采取了渐进、稳妥的方针,如对民族上层人物采取团结、教育和逐步改造的方式,通过教育协商实施原有的剥削逐步减轻并最终取消的政策。1951年3月至4月,中央访问团第二分团到西双版纳慰问边疆各族人民,其中有一个小组到基诺山巴亚寨慰问了基诺族人民。中国人民解放军进驻西双版纳以后,忠实地执行保卫边疆、建设边疆的光荣任务,与西双版纳各级党委政府和各族人民紧密团结,建立和巩固新生人民政权,在边境建立起牢固的人民防线,有效地捍卫了西双版纳的安宁与稳定,保卫了祖国边疆。

 ## 翻天覆地　当家作主

基诺山作为边疆地区的重要据点,深受国家的重视。1950年,勐养建立区政府后,基诺山归勐养管辖。1952年,云南省委、省民委为了尽快开辟西双版纳边疆工作,帮助边疆人民发展生产,组建了省民族工作队二大队,由刘树生(云南省政协原主席)担任队长,工作队到基诺山两年多,很快摸清了基诺山的情况,又于1954年组建了民族工作队十五分队,进驻基诺山。1953年,中共西双版纳州委员会第一次代表大会通过的《关于西双版纳土改与直接过渡地区的规划意见》中决定,西双版纳的"西定"(哈尼族聚居区)、布朗山(布朗族聚居区)、攸乐和瑶族自治区为非土改而直接过渡到社会主义的地区。根据这一决定,在基诺山不划分农村阶级,不实行土地制度改革,基诺山寨废除了国民党和傣族土司的统治,逐步取消了村寨长老管理制,直接过渡到社会主义。

1954年4月,民族工作队进入基诺山区,由基诺族人何贵任分队长(因其

① 《云南省景洪市文史资料选辑第一辑》,1993年版,第182页。

在西南民族学院学习，未到任），由杨崇任副分队长。工作队下设两个组，宋忠林任第一组组长，马二任第二组组长，何菊生任第二组副组长，全组24人。据何菊生写的工作回忆录，当时经工作队讨论，采取了以点带面的工作方法，把分队部设在巴亚寨，并把它列为开辟基诺山工作的重点，由第一组负责蹲点工作。第二组负责调查工作，主要任务是摸清基诺山有多少个寨子及其地理位置，有多少个民族、多少男女人口、多少头人，同时广泛宣传党中央毛主席的民族政策。工作队员每到一个寨子先为群众看病，做好事，为群众打扫卫生、砍柴、背水，广泛地联系群众，取得群众的信任。

当时基诺山很偏僻，村寨隐藏在大片的深山之中，寨与寨之间隔着深深的山箐与茂密的森林，很少往来，看得见寨子看不见路。据何菊生回忆："工作队员每走到一个寨子跟前，就看到一些用木棍刻制的刀枪棍棒等标记，标志着前面有村寨。我们的工作队员跑面的时间都集中在雨季，工作队配发的衣服有限，怕衣服淋湿、弄脏，便想办法保持衣服的整洁，每当我们离开寨子后，就将制服脱下放进自己的背包里，当看到意味着快进入寨子的标记，又将制服从背包里取出穿得整整齐齐地进入寨子做工作。每到一个寨子，我们就帮助群众做好事，群众有什么头疼脑热方面的需求，我们就把带着的药品分发给群众，并把学习的卫生知识传授给他们。我们积极宣传党的民族政策，广泛发动群众，通过工作摸清寨子的人口、生产、社会结构等基本情况，从点上面上广泛深入地掌握了第一手资料。"[1]

西双版纳是历史上有名的瘴疠之地，边疆人民深受各种疾病折磨，特别是疟疾，严重危害群众的健康和生命。为了解决基诺族群众缺医少药的问题，继民族工作队上山之后，政府又给基诺山派去了一名医生杨成勋，作为民族工作队的成员，他背着药箱跟随工作队跑遍了基诺山的村村寨寨，有病治病，无病就跟群众一起劳动生产，很受群众的欢迎，几乎无人不知道工作队里有医生。工作队上山之后，看到群众面黄肌瘦、衣衫褴褛，用点针线没钱买，有的人家连盐都吃不上，于是政府特意给工作队配备了一匹白马，让他们每次上山时都驮一些日用百货和盐上去，无偿地分发给群众。与此同时，工作队分别到全山各个村寨扎根串连，访贫问苦，做好事，交朋友，宣传党的政策和民族政策，帮助群众恢复和发展生产，

9

---

① 《云南省景洪市文史资料选辑第一辑》，1993年版，第179—180页。

培养积极分子，建立互助组、合作社，引导农民走集体化道路。

基诺族群众通过民族工作队，了解了共产党和毛主席，看到了希望和光明，冰冻的心融化了，脸上开始露出了微笑。他们把民族工作队当作党的化身，寄予很高的信任和期望，就连称呼工作队员也都要加上"共产党"三个字，比如"共产党老马""共产党老宋""共产党小何"。共产党、毛主席在基诺族群众心里深深地扎下了根。

记得有一次民族工作队马二到巴卡时，看到一个蓬头垢面、衣服褴褛的小女孩在村里乞讨，当他知道这个女孩是孤儿时，就决心收养她，用自己微薄的工资供她吃穿。后来领导考虑到马二只身一人，成年累月在各个村寨奔波，不便照料，决定用民政救济费供她上学。这个孤儿基诺名叫依果，她被送入小学以后，教师们倍加关心和爱护她，小学毕业后考入景洪中学，后来成了光荣的教师。依果不忘党的恩情，取了汉族名字马卫华来纪念恩人。

经过 8 个月的调查，工作队对基诺山的情况有了基本了解，在基诺山打下了良好的工作基础，于 1955 年春在总结前一段工作经验的基础上，全面展开了民族工作，十五分队第二组由跑面转为固定，定点设在巴卡寨，采取分片包干的办法，将基诺山划为两个片区：以巴亚寨为主的一个片区，以巴卡寨为主的一个片区，深入地开展工作。工作队宣传党的民族政策，争取团结民族宗教上层人士、知名人士和疏通民族关系，发展生产，通过与群众交朋友，团结了广大群众，培养了一批民族工作的积极分子，保证了民主建政的顺利进行。工作队在基诺山经历了艰苦细致的工作后，取得了很大的成绩，生产发展得一年比一年好，在工作队的帮助下，基诺山建立起了巴亚贸易小组。从此，群众生产的棉花、茶叶，猎获的兽皮，采制的笋干随时都可以拿到贸易小组换取需要的农具和日用品，彻底改变了过去从商人手中一个鸡蛋换根针、一头水牛换支火药枪的局面。由此，基诺山逐渐建成了一批商业点，活跃了民族贸易。

10

紧接着州政府又根据工作队的建议，于 1956 年在基诺山新建了卫生所和小学校，基诺山寨第一次传出了琅琅读书声。教师们白天教学，晚上做群众工作，假日跟群众下地劳动，既是教师又是工作队员。①无文字的基诺人开始入学读书，各族老师尽心教学，经过数十年深耕，源源不断地培养了利国利民的实用型人才。

---

① 《云南省景洪市文史资料选辑第一辑》，1993 年版，第 183—184 页。

党和政府针对基诺族的社会特点，按照"团结、生产、进步"的工作方针，经过多方面协商酝酿，结合本地实际情况，学习翻阅了很多资料，采取了不经过民主改革而发展其生产文化的办法，直接向社会主义过渡的政策，得到了广大基诺族人民的欢迎和拥护，实现了历史性的跨越。1955年，基诺山在巴亚寨组织了有15户农民参加的换工互助组，1956年底，全山区普遍成立了换工互助组。1956年9月，中共西双版纳州工委研究决定，在基诺山建立党组。1957年2月，基诺山成立了"攸乐山区生产文化站"（基诺洛克生产文化站。"基诺"是基诺族人的自称，"洛克"是全山区的意思），统一了全山区的政治、经济、文化工作，协商选举出基诺族的站长和副站长。1958年，攸乐山生产文化站改名为基诺洛克区，标志着基诺山区作为一个单一的行政区域正式建立。

至此，全基诺山36个村寨963户人家5284人开始享受到民族平等和当家作主的权利。基诺族作为"直过民族"直接进入社会主义发展阶段，结束了原始农村公社制度，社会经济经历了跨时代的飞跃。

基诺族文化站的老站长、基诺族文化传承人沙车说，他以前是村寨里的卓巴家族，世袭的卓巴家族长老是村寨的权威，管辖着村寨的一切事务。当时共产党进入基诺山并没有打压卓巴家族，而是把卓巴家族的后代当作培养对象，沙车作为卓巴家族的长老继承人，也是他们重点培养的对象。1956年沙车参加工作后，历任基诺族乡文化站站长，景洪市西双版纳州政协委员和常委，云南省政协委员，全国政协委员。他说，共产党来了开始搞合作社，和基诺族人互相帮助，你帮我，我帮你，从生产技术上、医疗教育上帮助基诺族人，是共产党让他们的生活发生了翻天覆地的变化，对比现在的幸福生活，回想过去吃不饱饭、穿不上衣的日子，基诺族人像是活了几辈子。

这是基诺族第一次感受到祖国的温暖，感受到祖国对边疆人民的关怀。中国共产党奉行各民族平等的制度，消灭剥削、压迫，摈除不平等与民族歧视，基诺族从此站了起来，担任起基诺洛克区的管理者与经营者，实现了民族自立。在党和国家的大力帮扶下，1953年至1978年，基诺族人民经过20多年的努力奋斗取得了社会主义革命和建设的胜利，基本完成了社会主义改造，开启了全面建设社会主义现代化国家新征程。1973年8月，经国务院批准，西双版纳傣族自治州由中共云南省委、云南省革命委员会直接领导，从此，西双版纳州与思茅地区（现普洱市）分设，开始行使自治州职权。人民当家作主，彻底摆脱了历史上长期的压迫和屈辱，心怀感恩的基诺族人民自立自强，奔向了光明灿烂的新社会。

 ## 最后一个被国家确认的民族

　　基诺族作为一个单一少数民族于 1979 年被国家确认，而对他的民族识别则始于 1958 年。基诺族识别是民族工作者和基诺人民 40 年的坚持与不懈努力，是基诺人辉煌而荣耀的历史时刻，从此，中国 56 个民族兄弟团结一心，奋勇前行。

　　为了真正实现民族平等和民族团结，我国于 20 世纪 50 年代开展了全国范围轰轰烈烈的民族识别与民族大调查。1958 年 11 月 7 日至 23 日，云南少数民族社会历史调查组彝族分组首次对基诺族进行了识别。当时领导们认为人数不多但在云南颇有影响的基诺人近于彝族，其识别对彝族史、傣族史乃至云南民族史的编写具有不可忽视的意义。历史学家方国瑜先生曾强调，1941 年基诺人的反抗斗争曾震动了滇南，车里县县长为此被撤职查办，此事在傣族史、西双版纳史、滇南史乃至云南历史上都有重要意义。

　　民族学专家杜玉亭等人如期至基诺山寨进行调研。1958 年 11 月 26 日至 12

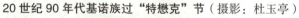
20 世纪 90 年代基诺族过"特懋克"节（摄影：杜玉亭）

月 9 日，基诺族识别组又在基诺山寨进行了第二次调研，撰写了调研报告，但在基诺人族别问题上也终未得出一个明确结论。此时，基诺人的文化特征给杜玉亭先生留下了难以磨灭的印象。

他在调查中发现，基诺族的丧葬礼仪和一些文化习俗与彝族区别较大。他们口传的历史与创世神话均指向"生杰卓米"是他们的祖先故地，其中基诺山山脉中"杰卓山"就是他们的发祥地。然而由于当时的历史原因，没有条件继续进行民族识别调查。

20 年的社会动荡，时间如洪水般奔流滚滚。直至 1977 年，四川民族研究所李绍明先生发起并邀胡庆钧先生编写《凉山彝族奴隶制社会形态》一书，得到国家有关方面的支持。当编写组来滇考察，杜玉亭抓住这千载难逢的时机，向编写组说明了基诺人民族识别的重要学术价值，结果得到赞同，并在取得云南有关部门的支持后组成"基诺人民族识别组"，且立即实施民族识别工作。识别组由川、滇及北京从事民族学、历史学、语言学、宗教学、考古学的 20 余位成员组成，经调查研究后一致认为，基诺人具备了一个单一少数民族的条件。组内有多位语言专家（内有彝族），基诺语言识别部分由盖兴之执笔。识别组就基诺人识别达成共识后离去，留下杜玉亭先生继续调研，待写出识别报告并经基诺代表人物们认同后返昆。该识别报告完成于 1977 年 12 月 3 日，经过上报，1979 年 5 月 31 日，国务院批准基诺族为单一民族，同年 6 月 6 日公布，此后基诺族正式成为中华民族大家庭的第 56 个兄弟。

基诺族识别的过程曲折漫长，最终基诺族的识别，为基诺族社会的整体发展起到了厥功至伟的重要作用。基诺族虽然人口较少，但并未被民族识别的领导和学者们遗忘，漫长的识别过程，体现了国家对少数民族意愿的尊重和民族政策的神圣性和严肃性，更体现了学术人对民族工作的严谨性。终以 20 多位专家组成的基诺人民族识别组的名义编写了识别报告。从此，基诺族拥有了单独的民族身份，表示基诺族是 56 个民族中重要而不可忽视的成员。这标志着基诺族的一种政治身份和地位，拥有民族的权利和责任，享有国家对于少数民族的一切政策。

此外，在识别过程中，民族工作者充分尊重基诺人的意愿。在民族识别座谈会上，基诺人的代表说："基诺人与别的民族不一样，不是哪一个民族的支系"，"从分天分地分界限时基诺人就与其他民族不一样，应当是一个民族"。这说明，民族学者的识别所提供的是一种学术依据，其是否被接受，则属被识别族体的

权利。族体意愿因素在民族识别中被视为一条重要原则。在选定基诺族名称时，基诺族认为"攸乐"是国民党军队与地方武装镇压基诺人反抗斗争中污蔑谩骂基诺人的话语，具有歧视性。作为识别者的杜玉亭没有以个人的主体汉文化进行任何干预，严格遵循了名称从主人的原则，尊重并按照基诺族本民族的族称话语权，定名为"基诺族"。

至此，基诺族不仅翻身作主，而且有了民族身份，成为56个民族中的一个，享有国家对单一民族的政策和权利义务。没有共产党的解放，基诺族人民就没有自由和民主，没有党和国家对民族的高度重视和一丝不苟的民族识别工作，就没有基诺族单独的民族身份。如今的基诺族拥有了话语权、自主权、自治权，挺起了压弯的脊梁，舒展了紧锁的眉头，昂首挺胸，自尊自信，与全国各族人民紧紧拥抱在一起，为自己是中华民族大家庭中的一员而感到无比的光荣和自豪。

张美琼是第一个从基诺山寨中走出去到中央民族学院就读的基诺族大学生。没有国家对基诺族的认定和相应民族政策的支持，她不可能到北京上大学，更不可能在有了更多见识之后，能为基诺族家乡的发展建设，为民族文化的传承发展贡献力量。当时，中央民族学院的学生来自祖国的天南海北，各种民族汇聚在一起，而那时基诺族还没有被确认为单一民族。她的身份证上只是写着攸乐人，每次她都要和同学解释和介绍自己的民族身份。那时的她十分低调，从不与人争辩，总是默默地埋头做事。

1979年，单一民族被确认的那一刻，张美琼十分激动和自豪，从此有了自己的民族名称，成为56个民族大家庭中的一分子。从那以后，她在正式场合都穿自己本民族的服装，彰显自己的民族身份。

然而仅仅有民族名称并不意味着拥有了民族自信，对于人口较少的基诺族而言，文化仍处于弱势。在改革开放初期，一些年轻的基诺族人甚至产生身份认同的迷失，通过大众媒体认识并模仿国外的流行文化。张美琼看在眼里，感到十分心痛，为什么我们基诺族传承了数百年的文化，如今有了民族身份却要放弃，不能被本民族认可？她一心想向外人传播和介绍基诺族文化，立志要为基诺族文化发扬光大做些事情。

工作调动到昆明之后，由于云南省民族学会一直没有基诺族研究会，张美琼便主动挑起大梁，把在昆明的基诺族人团结在一起，建立起省城的基诺族之家，帮助来昆的家乡同胞在生活工作上排忧解难。同时，她积极与研究基诺族的专家

学者保持联系，密切关注基诺族的发展，鼓励基诺同胞穿民族服装，唱本民族的歌曲，爱惜自己民族的文化。退休后，她全身心投入基诺族文化事业发展上，为了让民族文化被更多人知晓，她积极联系各方拍摄基诺族影像资料，帮忙申请各级非物质文化遗产。通过她与基诺学会等各界的努力，基诺族文化逐渐被世人知晓并认可，更被本民族所珍视。2006年经国务院批准，基诺大鼓舞被列入"第一批国家级非物质文化遗产名录"，这与张美琼的努力是分不开的。

如今的基诺族自信彰显了民族文化的魅力，外界对基诺族的关注也越来越多，不少外省人甚至外国人到基诺山买他们的砍刀布，欣赏他们的大鼓舞。

张美琼说："个人的能力只是一方面，我能走出大山，还能到北京上大学，能为本民族做事情，一切机遇都是党和国家给予我的。感恩我的民族同胞对我不离不弃，感恩党和国家对我和基诺族的关爱。"

基诺族确认 40 周年庆典（供图：基诺族乡政府）

深山走出脱贫路

云南人口较少民族脱贫发展之路

从贫困到振兴：
扶贫之路通向富裕的
受益人

生活在西双版纳的基诺族，虽然是最后一个被确认为单一少数民族的中华民族大家庭中的小兄弟，但一直深受中央和全国各族人民的关怀。党和国家领导人在视察基诺族乡时，作出了"一定要让基诺族兄弟尽快富裕起来"的重要指示。在各方的帮助下，2019 年，基诺族成为率先整族脱贫的"直过民族"之一。

 ## 基诺山漫漫脱贫路

直到 20 世纪 80 年代，基诺族乡也没有工业，第三产业匮乏，基诺族人民依赖土地，通过进行简单的刀耕火种农事活动来维持生计，社会发育程度较低，经济发展水平远远落后于其他民族。

基诺山是典型的纯山区，95% 以上的土地坡度在 25° 以上，难以形成高效连片种植。中华人民共和国成立前，基诺族的刀耕火种农业经济主要采取 13 年一轮的轮歇轮作制，山林按惯例分为 13 大片，每年砍伐 1 片，一般耕作 1 年即抛荒，也有种若干年的。主要种植低产量的旱谷、棉花、苞谷，简种高粱、黍、花生和一些瓜果蔬菜，生产工具主要是铁质刀具，有弯刀、剁铲、斧头、钐刀、弯刀、砍刀、腰刀、锄头等，播种方式以人力点播、撒播为主。靠近坝子的几个寨子使用牛耕，再进行撒播。这种生产方式产量低下，且对土地、物候和人力的要求极高，生产十分被动。基诺族人口较少，1954 年，人口仅为 5002 人，[①] 14 岁至 50 多岁的基诺族人几乎全年投入劳动，劳作不歇。

狩猎和采集是他们农业经济的重要补充，一般男子从事狩猎活动，女子从事采集活动。他们经常采集和食用的野菜达二三十种，野果达一二十种，人们日

17

---

① 高发元：《云南民族村寨调查：基诺族——景洪基诺山基诺族乡》，云南大学出版社 2001 年版，第 35 页。

常佐餐的汤、菜，基本是田间劳动中顺便采集的野菜；男子一般都随身带着火枪和箭头带有剧毒的弓弩，猎取如松鼠、野牛之类的动物；妇女在劳动间歇时也常捕捉螃蟹和竹鼠之类的小动物。[①]他们通过狩猎采集得到的副产品以及一些竹编、纺织等手工艺品补充生活所需。

他们把少量剩余产品、采的茶叶与山下民族进行交换，换取盐、铁、线、布匹等，基本是以物易物。基诺人内部没有产生专业商人，没有出现与农业完全分离的手工业者。

当时的基诺山山高路远，人们很少下山，山中各寨之间虽有小路连通，但往往被草和森林覆盖，路上时有蛇虫鼠蚁、飞禽走兽出没；许多寨子隔山相望，但走路要半天，交通非常不便。人们唯一的运输方式就是人背马驮，村寨内部以父系家庭登记制度维系，村寨头人为世袭，由村寨中最古老的家族中世袭的长老"卓巴"及其他家族的长老"卓生"等担任，统领村寨的农事及人事等大小事务。另专有"勒巴"来负责往来信件运送及记账、记录、招待客人等事务。记录办法就是最原始的"刻木记事"。

基诺民居为竹木和茅草建起的干栏式建筑，室内无窗，地板为竹片，整个大家族挤在由竹片或竹篾隔成小间的大长房中生活，下雨天屋内不时漏雨，屋外土路泥泞不堪。资料显示，中华人民共和国成立前，基诺人居住的竹楼大致有两种形式：一种是1个火塘的竹楼，住在这里的是一个父系小家庭的成员，五六人、十余人不等。在1943年国民党大肆烧杀破坏前，这种竹楼也相当可观，因为祖父、父亲在世就不分家，所以一个竹楼内往往居住着五六十人，在同一个火塘吃饭，集体劳动。另一种是龙帕式的竹楼，一个村社的竹楼可以容纳一个氏族的数代人，长形的竹楼中间排列着各个小家庭的火塘，火塘两边是各个小家庭的住室。30年前龙帕寨的一个竹楼曾住过27户137人。[②]

当时人们的衣服是用自己织的砍刀布或用以物易物得来的布匹做的，人们没有鞋子穿，生活条件十分艰苦。直至共产党深入基诺山，不畏艰难与当地人共同生产，共同开发，才结束了基诺山原始落后的生产生活方式。

直接过渡到社会主义社会之后，要彻底改变基诺族人的艰苦生活，就必须

---

① 《基诺族识别报告》，1977年。
② 《基诺族识别报告》，1977年。

加快生产，促进经济发展。为此国家制定了一系列土地政策和生产发展政策，指引着基诺族的发展方向。

1954 年，民族工作队上山致力于推广水田和牛耕技术。1957 年，在党和政府的帮助下，司土寨最先开始开垦水田，结束了基诺山没有水田的历史。直至 1957 年，基诺山开垦了水田 34 亩，到 1965 年，全区共有 2000 多亩水田，推广牛耕地面积 25273 亩，占耕地总面积的 80%，同时推广双季稻种植。但一方面，由于基诺山山地面积占 95% 以上，能开垦水田的面积十分有限，加上水利设施不完善，水田耕种情况不理想；另一方面，水田耕作与传统基诺族习俗冲突，农民无积肥习惯，管理粗放，同时生产指挥不当，一度出现水田抛荒等现象，至 1965 年又重开水田，统计仅有水田 130 亩，亩产仅 165 千克。[①]

20 世纪 80 年代基诺族狩猎采集活动（摄影：杜玉亭）

---

① 高发元：《云南民族村寨调查：基诺族——景洪基诺山基诺族乡》，云南大学出版社 2001 年版，第 261 页。

20世纪六七十年代,在"以粮为纲,全面发展,多种经营"口号的号召下,除粮食生产外,基诺山还提倡广植经济作物,并开辟购销途径。这里除了传统的棉花、茶叶、花生、紫胶,还试种过砂仁、橡胶,但在后来中断。20世纪60年代初,在药物研究所的帮助下,基诺族人进行野生砂仁的保护和开发,并引进和推广砂仁种植。20世纪70年代,根据中央关于发展南药生产的指示和全国南药会议的精神,景洪市决定由药植所云南分所帮助指导,在基诺山的巴漂、司土新寨和巴亚等地建立砂仁种植示范基地。先由各大队专业队种植,由政府供苗,后来各个生产队都可以自己规划。到1978年,司土新寨砂仁种植发展到106亩,有产面积40亩,产量425千克,收入11000元,而管理砂仁的药农仅4人,人均收入可达2700多元。20世纪80年代,各寨规划种植砂仁,由于试种成功以及良好的市场前景,砂仁种植得到全面推广。1982年,基诺族乡种植面积达6000多亩,有产部分收入34万多元;1985年,全乡砂仁总产量约9万斤[1],实际收入近200万元,同年,基诺山被列为热带山区建设的试验示范区。全乡人均收入从种植砂仁初期的1973年的95.6元提高到400元,其中砂仁收入占总收入的一半,一些高海拔的村寨更是以砂仁种植为主要的经济来源。20世纪70年代末至20世纪80年代初,砂仁由药材公司委托供销社统购统收,价格不高。后来市场放开,由外地客商来收购或村民到勐养、勐仑收购站交易,价格迅速上涨,农民得到实惠。么卓寨在20世纪80年代的收入主要来自砂仁,也就是在80年代,全寨几乎都住上了砖瓦房。基诺族群众生活水平的提高,离不开政府的大力支持和正确的政策指导。[2]

基诺族乡卫生院优秀女干部资艳萍说:"深深感谢党和政府引进了砂仁种植。在我小时候,家里三兄妹,每年就靠砂仁收入七八千元钱,交学费读书。如果当时没有引进砂仁,家里经济收入依然很低,自己作为女孩就不可能读书了。我们就是靠砂仁收入读书,才能走到工作岗位上。"砂仁带动了整个基诺族乡的经济发展,改善了基诺族人民的生活,更带动了基诺族人民的教育,改变了一代人的命运。

在经济作物推广的过程中,科技培训发挥了重要作用。早在20世纪70年代末,热带作物研究所就培训了几批基诺本土科技人员,在乡科技大楼开班3期

---

①斤:非法定单位,1斤=500克。全书特此说明。
②高发元:《云南民族村寨调查:基诺族——景洪基诺山基诺族乡》,云南大学出版社2001年版,第76-77页。

经济作物培训班，科技人员下寨实地考察与学员实地实践，对学员按节令分期、分批进行培训，如1~2月，割胶培训；5~6月，橡胶技术培训等；茶叶修剪、种植技术培训，以推广高产茶的栽培。科级单位亦就作物施肥、保养、防病等进行培训。科技人员还进行水稻综合试种实验和杂交水稻旱地种植示范，推广杂交水稻和杂交苞谷。至20世纪90年代，在科技部门和科研人员的帮助下，先后举办了砂仁、茶叶、橡胶、粮食作物、化学农药等各类技术培训班共13期，共452人次，共培养民族技术能手175人，占农村劳动力的4%，使全乡每个村都有两三个自己的粮食作物和热带作物等方面的技术能手。

总体而言，20世纪50年代末至1982年，基诺族乡的土地所有制主要是集体所有制，生产从历史上的长老指挥改为区（乡）行政指挥。由于合作社形式影响村民的劳动积极性，虽然大多数村寨解决了温饱，但没有结余，只有一部分寨子条件较好，大多数村寨仍住茅草房，勉强维持生计。[①]总之，在包产到户之前，基诺族乡总体有了大的改观和发展，但发展坎坷，速度缓慢。

国家扶贫指示：
一定要使基诺族兄弟尽快富裕起来

改革开放后，通过贯彻以经济建设为中心的方针，少数民族地区的经济有了长足发展，但由于客观条件等因素，少数民族地区与先进地区的发展差距逐渐扩大，至此国家为解决主要分布在西部的少数民族等地区的贫困问题开展了一系列扶贫工作，旨在不让一个少数民族掉队。

生活在西双版纳的基诺族，由于基础较差，社会发展远远落后于发达地区，作为中华民族的小兄弟，一直深受党中央和全国各族兄弟同胞的关怀，先后有胡耀邦、乔石、李瑞环、田纪云、江泽民、胡锦涛等党和国家领导人亲临基诺山视察、看望基诺族群众。基诺族人民要求脱贫的希望非常迫切，党和政府十分关切。

1989年11月18日至20日，江泽民同志在西双版纳视察时访问了基诺山。

---

① 高发元：《云南民族村寨调查：基诺族——景洪基诺山基诺族乡》，云南大学出版社2001年版，第77页。

面对基诺山从中华人民共和国成立以来的巨大变化，江泽民同志语重心长地重申了"发展才是硬道理"的理论。他走访基诺家庭，了解基诺群众的生产条件、生活状况，与基诺群众亲切交谈并嘘寒问暖，他还对基诺族乡的扶贫工作提出了明确要求："一定要使基诺族兄弟尽快富裕起来。"1990年2月15日，江泽民同志在听取全国民委主任会议的汇报时说："基诺族有一万五千人。我去看望基诺族同胞，遇到盛大的场面。听了他们的汇报，访问了一些群众，我觉得他们对共产党、对社会主义祖国有浓厚的感情。我国一些少数民族在中华人民共和国成立后跨越了好几个社会发展阶段，基诺族就是从原始社会末期直接过渡到社会主义的，是我们社会主义祖国民族大家庭中的一员。少数民族经过若干年的发展，取得了很大的成就。他们亲身体会到，没有共产党的领导，没有社会主义，就不会有这样的发展进步。"他十分关心基诺族的发展，他说："我国是一个多民族的社会主义国家。怎样在新形势下坚定不移地贯彻我们党的民族政策，保持少数民族地区稳定，使少数民族地区的经济走上又快又好的发展轨道，并且大力发展科技、文化、教育事业，努力提高少数民族的科学文化素质，是一个具有非常重要现实意义和长远意义的大问题，关系到国家的长治久安和繁荣富强，必须高度重视。"

1995年，西双版纳州针对"直过民族"经济社会发展较缓的问题，开启"两山扶贫"综合开发，开始热火朝天地实施扶贫行动。根据"两山"扶贫的总体规划，共完成基础设施、社会公益事业、安居工程、基本农田建设、生态环境保护、科技培训及产业开发七大建设项目198件子项目，其中，基诺山84件，布朗山114件；项目总投资7300万元，其中，基诺族乡总投资3630万元，布朗山乡总投资3670万元。

当时正值国家"八七"扶贫时期，中央决定从1993—2000年用7年的时间解决全国8000万贫困人口的温饱问题。1999年，国家民委和国务院扶贫办有关领导到基诺族乡调研，将基诺族乡列为扶贫综合开发示范乡。2000年4月，云南省政府现场办公会进一步确定对景洪市基诺山和勐海县布朗山进行整体扶持，并把其列为"两山"扶贫综合开发项目。

按照"两山"综合开发项目的实施要求，云南省政府制定了以"分类指导、一山一策、一村一策、注意覆盖面、扩大受益面"为指导原则的开发规划；以"巩固温饱，增加基诺族群众收入"为基点，以"完善基础设施、提高公共服务、突出产业开发、发展优势产业、增加农民收入"为具体实施办法，彻底改变了以往"送

钱、送粮、送衣物"的救济式扶贫的做法，突出综合性、整体性，注重把先进农业科技的引进和推广与解决温饱和增加基诺族群众的收入相结合，做到了温饱项目扎实可靠、增收项目真实可信，并达到了可持续发展的要求。

1996年的调查显示，基诺族乡有贫困村7个，共245户1117人。7个贫困村居住位置偏僻，交通不便，山高菁深，生产条件相对较差，距离主要公路均在8千米以上，最远的如巴亚老寨距公路近30千米。7个村寨中，除阿婆寨人均水田近1亩多，巴亚老寨人均0.5亩外，其他5个村寨基本很少或没有水田。经济作物仅有20世纪80年代种植的面积不一的砂仁，收入来源单一，风险大。基础设施差，人畜饮水问题基本未解决，群众吃水靠背、挑。

1996年，"两山"扶贫实行扶贫挂钩政策，各市级单位与贫困村挂钩扶贫，开展以粮食生产为基础的改土、治水、修路，大力发展绿色产业。至1999年，市级单位帮助洛特老寨建盖学校，改善道路，并争取资金16万元，组织群众投工、投劳兴建3000多个水沟，新开水田150亩左右，并以有偿无息方式投资5000元，帮助引进咖啡、西番莲150多亩。市妇联通过引资38万元，兴修乡村公路8000米，解决了么羊附近6个村公所的交通问题，并组织干部和部分群众到元江、思茅考察芦荟、咖啡种植，发动群众种植咖啡300亩，办起小养鸡场，并兴建了一个小型咖啡加工厂，1999年咖啡挂果。市委、老干部局分别帮助群众种植西番莲500亩和300亩。市总工会帮助阿婆寨修通公路，实现基诺族乡45个自然村全部通公路。[①]通过改善基础设施、引进经济作物，激发基诺族群众的内生脱贫动力，实现脱贫的可持续发展。

至2000年末，中国政府宣布：中国农村基本告别了温饱问题，扶贫目标基本实现。但在基本的背后，作为直过民族和人口较少民族，返贫率非常高，低收入人口占比高，贫困发生率居高不下，基诺族虽然基础设施得到了改善，但产业发展差距仍十分大，人们生活水平普遍较低。

与此同时，从基诺族乡返回北京后的国家民委领导仍一直关注基诺族等人口较少民族的脱贫与发展问题，组织北京大学、中央民族大学和民族问题研究中心的专家学者开展了"中国人口较少民族经济和社会发展调查研究"，并向国家提出扶持人口较少民族加快发展的建议。

23

---

① 高发元：《云南民族村寨调查：基诺族——景洪基诺山基诺族乡》，云南大学出版社2001年版，第95-96页。

2001 年 8 月，国务院办公厅批复了国家民委的《关于扶持人口较少民族发展问题的复函》，之后国家开始全面实施扶持人口较少民族发展的工作计划。基诺山被国家民委列为全国 22 个人口较少民族扶贫综合开发试点。国家民委对基诺族乡投入资金 2883 万元，累计建成七大类 91 件扶贫工程，使全乡 100% 的基诺族群众从中受益，扶贫效果十分明显。

鉴于"两山"项目在基诺族乡的扶贫综合开发取得了较为突出的成就，为全省乃至全国人口较少少数民族扶贫开发探索了路子。基诺山基诺族乡作为全国"人口较少民族"扶贫综合开发试点，起到了很好的示范作用，促进了全国人口较少民族扶贫综合开发，国家民委于 2003 年在景洪市召开了全国人口较少民族扶贫开发规划工作现场会。吸取借鉴了云南省基诺山、布朗山的综合扶贫开发经验和做法，2005 年 8 月 18 日，国务院召开常务会议，国家民委等五部委制定出台了《扶持人口较少民族发展规划（2005—2010 年）》[1]，为全国人口较少民族地区的扶贫综合开发制定了国家的政策和措施，并明确提出，采取措施切实解决全国 22 个人口较少民族在发展中存在的主要问题，帮助其加快发展。基诺族一直在列，属于国家政府关注扶贫扶持的重点对象。

2005 年，云南省印发了《云南省扶持"人口较少民族"发展规划（2006—2010 年）》[2]，把省内 7 个人口较少特有民族脱贫发展作为《云南省农村扶贫开发纲要》的重点，加大扶持力度，全面实施"温饱和农业产业化扶贫、基础设施建设扶贫、科教扶贫、民族文化扶贫和人才培养扶贫"五项工程，力争到 2010 年实现全省人口较少民族聚居区村村通公路、通电、通水、通广播电视，所有农户和群众有房住、有衣穿、有饭吃、有钱用、有书读，基本消除茅草房及危房的"四通五有一消除"目标。

在党中央、国务院、国务院扶贫办、国家民委及省委、省政府的亲切关怀下，在各部门和社会各界的大力支持下，经过"两山"干部群众共同的艰苦努力，建设项目已全部顺利完成。通过一系列的基诺族乡扶贫综合开发，基诺族乡经济建设得到了快速发展，基诺族乡 7 个村 46 个自然村"四通五有三达到"通过验收。

24

---

[1] 国家民委、国家发展改革委、财政部、中国人民银行、国务院扶贫办：《扶持人口较少民族发展规划（2005—2010 年）》，国务院第 90 次常务会议审议通过，2005 年 8 月 18 日。

[2] 云南省民委、省发改委、省财政厅、人行昆明中心支行和省扶贫办：《云南省扶持"人口较少民族"发展规划（2006—2010 年）》（云族联发〔2006〕10 号），2006 年。

贫困群众的自我发展能力得到加强，基诺族群众的收入迅速增加。基诺族乡农民人均年纯收入从 2000 年的 800 元增长到 2005 年的 1881 元，人均占有粮食从 250 千克增长到 595 千克。综合扶贫开发项目的实施，使基诺族群众率先解决了温饱问题，改善了基诺族群众的生产生活条件，提高了卫生保健水平，丰富了少数民族群众的精神文化生活，美化了环境。

2006 年 5 月 12 日上午，时任中共中央总书记、国家主席、中央军委主席胡锦涛，翻山越岭，专程来到西双版纳州景洪市基诺族乡扎吕村，看望这里的基诺族群众。胡锦涛同志一直高度关注民族工作，反复强调要牢牢把握各民族共同团结奋斗、共同繁荣发展的主题，大力推进民族团结进步事业，不断巩固和发展平等、团结、互助、和谐的社会主义民族关系。

胡锦涛同志十分关心中央有关人口较少民族扶持政策措施落实的情况，十分惦念人口较少民族群众的生产生活，一抵达西双版纳，就特意来到基诺族群众聚居的地方看望。小小的山村沸腾了。祖祖辈辈生活在大山深处的基诺族乡亲，穿上用砍刀布制成的鲜艳服饰，聚集在村口、路边，热烈地鼓掌和欢快地呼喊。

"我这次从北京来到西双版纳，就是来看望你们的。看看你们这里经济社会发展得怎么样、日子过得怎么样，能不能吃得饱、穿得暖，孩子是不是有学上，生了病能不能得到治疗……孩子上学不收学杂费、提供免费课本这些政策落实了没有？""落实了，'两免一补'嘛！"周白的回答引得大家都笑了起来。"困难家庭的孩子上学住宿补贴，你们这里补多少？"胡锦涛同志又问。基诺族乡乡长罗建宁回答，民族小学学生一学年补 250 元，半寄宿制小学学生一学年补 120 元。

"村里现在还有没有应该上学、因为经济困难上不了学的孩子？"胡锦涛同志接着问。"没有了，都能上学。"周白告诉总书记，自己的 3 个孩子都已初中毕业，家里光橡胶一年就有 15000 元的收入。胡锦涛同志欣慰地笑了。"村里还有什么难处没有？在保持共产党员先进性教育活动中群众对村党支部提了什么意见？你们做了哪些改进？"胡锦涛同志问。阿干告诉总书记，在先进性教育活动中，扎吕村的党员捐款捐物给一位老人盖了房子，还带头整修了一条路。"群众对党员提了什么希望？"胡锦涛同志接着问。"希望我们在政治上保持先进，还要引进更多技术教材，帮助大家搞好生产知识学习。"

听了阿干的介绍，胡锦涛总书记十分高兴。他叮嘱村干部们，一定要在先进性教育活动的基础上，扎扎实实为乡亲们多办实事、多办好事。他还嘱咐当地

负责同志，一定要切实解决群众的出行难问题。

胡锦涛同志才听说村里还有一户村民没有解决温饱问题，执意要去看看。沿着高低不平的乡间土路，他来到村民腊夯的屋前。

"走，去你家看看！"胡锦涛同志边说边拉起腊夯的手，登上木楼梯进了屋。腊夯家去年人均收入只有1300元。两年前，他15岁的儿子李东华不慎摔坏了左腿，两次住院治疗，借款至今尚未还清。胡锦涛总书记走进里屋，掀开蚊帐，摸摸粮袋。看到粮袋里装满了粮食，胡锦涛总书记默默地点点头。刚刚坐定，胡锦涛总书记就问起孩子的伤势。他摸着李东华的伤腿，关切地问：现在怎么样了？能不能站起来给我看看？李东华站起来回答，已经好多了。

在了解到腊夯家目前还有困难后，胡锦涛同志动情地说："来了之后，听到你们家的情况，就非常惦念你们。你们的难处就是我们的难处。今天来，我带了一点钱，也是帮你们解决一点燃眉之急。"胡锦涛同志说着，拿出慰问金，递给腊夯夫妇。夫妇俩接在手里，眼角泛起了泪花。胡锦涛同志叮嘱他们说："现在的困难是暂时的，要把橡胶树、茶叶树管理好，争取好的收益，另外再想点办法，搞点畜牧业，找点其他路子，使家里尽快从困难中解脱出来。"胡锦涛同志拉着李东华的手说："孩子，上初中了，要好好念书。初中念好了，还要接着上。"

党和政府的亲切关怀，如阵阵暖流，在这个贫困人家涌动。腊夯握着胡锦涛的手，激动地连连说："谢谢党和政府！"

走出腊夯家，看见村民们围在路边，胡锦涛同志走到村民中间，同大家握手，并拉起了家常。山村里的基诺族群众生了病能不能及时得到治疗？胡锦涛同志对此很牵挂。

听说基诺族乡7个行政村都建立了卫生室，胡锦涛同志十分高兴。他提议去一个村卫生室实地看看。汽车停靠在巴亚村卫生室前。这是一栋普通的砖瓦房。胡锦涛首先来到药房，七八平方米的药房里摆满了各种常用药品。正在工作的年轻姑娘茶艳丽、石保英怎么也没有想到，胡锦涛同志会到她们这个小小的乡村卫生室来。她们激动得不知说什么好。

正值国际护士节，两位年轻医护人员坚守岗位，勤勤恳恳为村民服务，这给胡锦涛总书记留下了深刻印象。胡锦涛同志来到治疗室，看望几位正在治疗的村民。他说："你们在基层工作，发扬白衣天使的精神，为老百姓服务，很不容易。今天是国际护士节。你们既是医生又是护士，我向你们表示祝贺。"

分别的时候，胡锦涛同志对围在路口的村民们大声说："今天我来到这里，看到基诺族群众的温饱问题基本解决，村子的面貌有了很大变化，我感到十分高兴。""希望村党支部团结带领大家，进一步发展经济、改善生活，把基诺山建设得更富裕、更文明，让广大基诺族同胞过上更好的日子！"胡锦涛同志语重心长的话语，引来一阵热烈的掌声。寂静的山村，再一次沸腾起来。返程途中，胡锦涛同志对陪同的当地干部说，必须深刻认识做好扶持人口较少民族发展这项工作的重大意义，增强工作的紧迫感，集中力量，加大力度，坚持从实际出发，有计划有步骤地开展工作，帮助人口较少民族解决发展中的关键问题，努力加快这些民族的发展步伐。[1]

基诺族得益于党和国家的重视，搭上了扶贫发展的快车道，在这基诺族人民快速发展的十多年间，通过整合资源，享有多重扶贫政策。这一阶段，在产业扶持、乡村建设、生产生活环境改善方面得到多方扶持，获得的扶持资源远超过其他贫困人口，生产生活条件变化非常大，大部分人口较少民族所在的村寨，水、电、路、通信、广播电视、孩子就学、就医等问题得到了解决，只有少部分特别偏僻的地方未通路、通电，孩子上学离家较远。为了提高收入，政府和扶贫主体在大部分人口较少民族聚居地进行了产业结构调整。

 ## 精准扶贫实施下的整族脱贫

全面建成小康社会是中国共产党的百年目标。党的十八大以后，扶贫开发工作受到了以习近平同志为核心的党中央的高度重视，把脱贫攻坚摆在治国理政的突出位置，把扶贫开发工作纳入"五位一体"总体布局、"四个全面"战略布局的治理方略之中，作为实现第一个百年奋斗目标的重点任务，作出一系列重大部署和安排，全面打响脱贫攻坚战。

如基诺山的一些边远地区仍有一些长期贫困、顽固贫苦的现象存在，距离小康社会还有很大的差距。对于这些难啃的硬骨头，必须采取精准脱贫的方式。

① 孙承斌、杨峥、樊如钧：《胡锦涛总书记来到基诺山》，载《中国民族》2006 年第 6 期。

精准扶贫是习近平总书记首先提出，亲自谋划、亲自指挥、亲自部署、亲自督战之下进行的。2015年10月16日，国家主席习近平在减贫与发展高层论坛上首次提出"五个一批"的脱贫措施，为打通脱贫"最后一千米"开出破题药方。随后，"五个一批"的脱贫措施被写入《中共中央 国务院关于打赢脱贫攻坚战的决定》，11月23日，经中共中央政治局会议审议通过。

11月27日至28日，中央扶贫开发工作会议在北京召开，习近平总书记强调，消除贫困、改善民生、实现共同富裕，是中国特色社会主义的本质要求，是中国共产党的重要使命。他说，要坚持精准扶贫、精准脱贫，重在提高脱贫攻坚成效。关键是要找准路子、构建好的体制机制，在精准施策上出实招、在精准推进上下实功、在精准落地上见实效。要解决好"扶持谁"的问题，确保把真正的贫困人口弄清楚，把贫困人口、贫困程度、致贫原因等搞清楚，以便做到因户施策、因人施策。要解决好"谁来扶"的问题，加快形成中央统筹、省（自治区、直辖市）负总责、市（地）县抓落实的扶贫开发工作机制，做到分工明确、责任清晰、任务到人、考核到位。

要解决好"怎么扶"的问题，按照贫困地区和贫困人口的具体情况，实施"五个一批"工程。一是发展生产脱贫一批，引导和支持所有有劳动能力的人依靠自己的双手开创美好明天，立足当地资源，实现就地脱贫。二是易地搬迁脱贫一批，贫困人口很难实现就地脱贫的要实施易地搬迁，按规划、分年度、有计划组织实施，确保搬得出、稳得住、能致富。三是生态补偿脱贫一批，加大贫困地区生态保护修复力度，增加重点生态功能区转移支付，扩大政策实施范围，让有劳动能力的贫困人口就地转成护林员等生态保护人员。四是发展教育脱贫一批，治贫先治愚，扶贫先扶智，国家教育经费要继续向贫困地区倾斜、向基础教育倾斜、向职业教育倾斜，帮助贫困地区改善办学条件，对农村贫困家庭幼儿特别是留守儿童给予特殊关爱。五是社会保障兜底一批，对贫困人口中完全或部分丧失劳动能力的人，由社会保障来兜底，统筹协调农村扶贫标准和农村低保标准，加大其他形式的社会救助力度。要加强医疗保险和医疗救助，新型农村合作医疗和大病保险政策要对贫困人口倾斜。要高度重视革命老区脱贫攻坚工作。[①]

扶贫与脱贫，一个重在过程，一个重在结果，二者有着重大的区别。脱贫

28

① 习近平：2015年11月27日至28日在中央扶贫开发工作会议上的讲话。

攻坚力度之大、规模之广、影响之深，前所未有，取得了决定性进展，显著改善了贫困地区和贫困群众生产生活条件，谱写了人类反贫困历史新篇章。[①]

而在地方，基诺族脱贫问题一直受到各级政府的关心和重视。早在 2013 年，云南省实施"3121"工程，[②]同样把基诺族乡作为重点帮扶的示范点乡镇。随后脱贫攻坚战打响，以县（市、区）为牵头的扶贫工作全面展开，景洪市率领基诺族乡铆足火力，开始了轰轰烈烈的脱贫攻坚战役。

景洪市将脱贫攻坚列为首要政治任务和第一民生工程，通过精准识别，2014 年底，全市统计建档立卡贫困人口为 3327 户 12655 人。景洪市的"直过民族"主要有基诺、拉祜和布朗 3 种民族，主要聚居在 7 个乡镇的 25 个行政村 130 个自然村，其中，聚居区贫困行政村 13 个。2014 年末，景洪市"直过民族"聚居区总人口 30278 人，直过民族总人口 27054 人，其中，建档立卡贫困人口 6292 人（拉祜族 3805 人、布朗族 989 人、基诺族 1498 人），占全市贫困人口半数以上。聚焦"直过民族"聚居区，景洪市采取超常规举措，精准扶贫、精准脱贫到村到户到人，全力确保"直过民族"与其他民族同步进入小康社会。

面对"直过民族"贫困群体这个脱贫攻坚的"硬骨头"，景洪市委主要领导牵头，专题研究，重点攻坚，结合中央、省、州有关要求，制定了《景洪市全面打赢"直过民族"脱贫攻坚战行动计划（2016—2020 年）》《景洪市基诺族精准脱贫攻坚战实施方案（2016—2020 年）》《景洪市拉祜族精准脱贫攻坚战实施方案（2016—2020 年）》，紧紧瞄准"直过民族"贫困户和贫困人口，深入分析致贫原因，因族因乡施策，因户因人施法，统筹兼顾、科学规划，实现了责任链闭环管理、无缝对接，项目和资金有效整合、精准发力。

在帮扶的原则上，坚持建立"省级统筹，州（市）负总责，县（市、区）第一责任，乡（镇）抓落实"的工作机制，采取精准扶贫、精准脱贫，精准资金使用，精准帮扶措施，精准因村派人，精准脱贫成效。在找准致贫原因的基础上，科学规划，因户因人施策，合理布局。用好政策，坚持贫困群众脱贫攻坚的主体地

---

① 习近平：2018 年 2 月 12 日在打好精准脱贫攻坚战座谈会上的讲话。

② 为加快推进云南省民族团结进步边疆繁荣稳定示范区建设，云南省按照"示范带动，重点突破；抓出亮点，整体推进"的要求，围绕经济发展、民生改善、民族文化、民族教育、生态文明、干部培养、民族法制、民族理论、民族工作、民族关系等十个方面的示范建设、重点实施"3121"工程，即在全省范围内联系 3 个自治州，选择 10 个县、20 个乡镇、100 个自然村（社区）作为示范点重点帮扶，先行先试。

位，充分发挥群众的积极性，针对"直过民族"自我发展能力弱的问题，提升主动性和创造性，提高自我管理水平和发展内生动力，立足自身实现脱贫致富。

在措施路径上，根据"直过民族"脱贫攻坚的特殊要求，采取超常规举措，实施提升能力素质、组织劳务输出、安居工程、培育特色产业、改善基础设施、生态环境保护六大工程，精准扶贫、精准脱贫到户到人，力争在少数民族脱贫、边境脱贫、生态脱贫方面做出示范，确保"直过民族"全面建成小康社会。

景洪市通过政府主导和撬动融资、社会资金的方式，自 2014 年以来，累计向"直过民族"聚居区扶贫开发投入各类建设资金 58823.7 万元。保障了"直过民族"的脱贫攻坚得以顺利实施。

对于基诺族的扶贫与发展，国家曾实施了"两山"扶贫综合开发、"3121"工程、新农村建设等，使人民的收入得到了明显提高，生活水平得到了改善，基本实现了村村通电、通水、通路、通电话、通广播电视的目标。但顽固贫困的现象仍然存在，基诺族聚居区贫困人口涉及 5 个乡镇 15 个村委会 80 个村民小组，2014 年建档立卡共 417 户 1498 人，占聚居区总人口的 7.67%。

经过全面精准调查，基诺族的贫困现状主要表现在以下几个方面：

（1）基础设施薄弱。基诺族人多居于山区，道路晴通雨阻的现象比较突出，水利基础设施薄弱，严重影响农业生产的发展，导致相当一部分群众改善自身居住条件的能力有限，居住环境恶劣，生活水平低。医疗卫生、教育设施条件差。

（2）人口素质偏低。由于长期生活在偏远山区，绝大多数村民未接受过正规的文化教育，接受新技术、新信息渠道少，思想观念和技术技能与现实社会有很大差距，丰富的自然资源与贫困的生活现状形成强烈反差。加之因学因病致贫返贫严重，缺劳动力、缺土地、缺技术，致富门路窄。

（3）生产方式落后。部分基诺族人民用汉语沟通交流还有较大困难，自身"造血功能"严重不足。在农业生产方面普遍采取粗放耕作方式，农机推广率较低，生产技术落后，优质品种比例较小，导致广种薄收，加之传统的"家庭式"自产自销模式根深蒂固，产业结构单一，销售渠道不畅，种植栽培管理粗放，经济效益低，收入渠道少。

（4）产业结构单一。主要收入以种植茶叶、橡胶及养殖为主。橡胶因为气候冷、种植年限长、市场价格等因素影响，产生的经济效益不高，砂仁因为品种退化，虽然面积不小但产量却不高，而坚果等种植数量多但还未产生经济效益，养殖较多的猪一般是家庭自供。

针对基诺族的贫困现状,政府多次进行实地考察和数据分析,找出贫困原因,以便针对问题精准帮扶。

(1)基诺族首先面临的问题是群众的素质跟不上综合发展社会生产的需要。缺资金、缺劳动力、缺土地、缺技术及致富门路窄是致贫的主要原因,究其根本在于群众的素质不高,深刻地限制了发展。基诺族417户贫困户中,缺资金128户,占30.7%;缺劳动力45户,占10.79%;缺土地15户,占3.6%;缺技术18户,占4.32%,群众的素质与贫困户拥有的资源已不能适应社会发展的需要。

(2)基础设施不能满足社会经济发展需要。道路不通畅的现象严重制约农业生产的发展。基诺族人多居于山区,不但水利基础设施薄弱,水利化程度低,而且交通非常不方便。行政村未通硬化路的1个,有15千米;自然村未通硬化路的39个,有214千米。

(3)社会民生缺乏保障。多数自然村地处边远山区,居住十分分散,交通闭塞,信息不畅,科技、文化、生产力低,教育、医疗卫生、居住条件差,经济不发达。417户贫困户中,住房困难的有182户,因交通不便而经济落后的有20户。致贫原因中:因病131户,因残疾43户,因学11户,因灾1户;文化素质普遍偏低,至今仍有文盲现象;信息来源主要是电视,14个村小组基本没有通网络,甚至没有电视;医疗卫生条件比较差,部分村无卫生院;有116户没有户厕;居住的基本是砖木房。

(4)基诺族的科技文化水平普遍偏低。一是受教育程度低,人均受教育年限仅为7年,中年以上劳动力多数为小学文化,部分甚至是文盲半文盲,接受新观点、新理念的能力弱,科技使用水平较为低下。二是思想保守、商品经济意识淡薄。存在安于现状的小农经济意识,发展积极性低,部分群众观念落后。三是劳动技能掌握程度低。受基础文化低的影响,虽然举办了较多的科技培训和行业技能培训,但大部分群众对实用技术的掌握有限,外出务工多数从事体力工作,劳务输出的收益极为低下。①

经过层层剖析,已经找准基诺族贫困的问题和原因,把好脉就要对症下药。

2016年8月,景洪市针对基诺族专门制定了《景洪市基诺族精准脱贫攻坚战实施方案(2016—2020年)》。按照"政府主导、集团帮扶、部门配合、社

① 资料来源:《景洪市基诺族精准脱贫攻坚战实施方案(2016—2020年)》。

会参与、县抓落实、自力更生"的工作机制，实施提升能力素质、组织劳务输出、安居房建设、培育扶贫产业、改善基础设施、生态环境保护六大工程。

针对基诺族总投资 10163.74 万元，其中提升素质能力 347.84 万元，占 3.42%；劳务输出 92.92 万元，占 0.91%；安居工程 1980.00 万元，占 19.48%；培育特色产业 3682.21 万元，占 36.23%；改善基础设施 3557.77 万元，占 35.01%；生态环境保护 503.00 万元，占 4.95%。实施期限：5 年（2016—2020 年）。

有了实施方案，在党和政府的带领下，动员社会各方力量，基诺族开始了轰轰烈烈的脱贫攻坚战。

习近平总书记说，精准扶贫是为了精准脱贫。要设定时间表，实现有序退出，既要防止拖延病，又要防止急躁症。要留出缓冲期，在一定时间内实行摘帽不摘政策。要实行严格评估，按照摘帽标准验收。要实行逐户销号，做到脱贫到人，脱没脱贫要同群众一起算账，要群众认账。

在基诺族的脱贫攻坚战役中，不论是驻村工作队员，还是村干部，抑或建档立卡户，每一个人都全程投入，在基诺山的山道上、茶地里、村寨中挥洒着汗水与血泪。他们与天斗，与地争，与民族愚昧落后的思想作斗争，与时间赛跑，一点一滴地改变着基诺山，改变着基诺族。

2014 年 4 月 2 日，基诺族乡开展贫困村调查工作。

……

2014 年 11 月 13 日，基诺族乡开展定点挂钩社会帮扶情况统计工作。

……

2015 年 3 月 24 日，基诺族乡开展建档立卡贫困户扶贫移民搬迁需求信息采集工作。

……

2015 年 10 月，基诺族乡开展实施毛娥老寨村内道路硬化、巴来中寨排水沟等整村推进项目。

……

2015 年，基诺族乡成立基诺族乡茶叶协会，并选举产生了协会会长、副会长、秘书长，成功开展"基诺山货赶街日"活动 17 次，为农民销售农特产品、山茅野菜、民族工艺品搭建了平台。

……

2016 年 1 月 1 日，基诺族乡制定《景洪市基诺山基诺族乡村、组、户

2016—2017 年精准扶贫工作实施方案》。

......

2016 年 5 月 9 日，基诺族乡成立扶贫开发领导小组及办公室。

......

2016 年 7 月，基诺族乡开展脱贫攻坚"发展生产脱贫一批"建设项目，发放产业扶贫生产物资。

......

2016 年 8 月 30 日，根据《景洪市 2016 年农村危房改造实施方案》（景政办发〔2016〕170 号）文件要求，基诺族乡开展 2016 年农村危房改造工作。

......

2016 年，建成基诺民族文化广场祭祀铁房和大鼓房并已投入使用；建成并使用综合楼及基诺卫生院住院部。

......

2016 年，基诺族乡扎实推进提升城乡人居环境行动，制定五年行动方案；结合城乡精细化管理，组织各单位职工、党员干部、团体、民兵、群众积极投身"提升城乡人居环境　基诺人民在行动"专项治理行动。

......

2017 年 3 月 29 日，基诺族乡成立基诺山基诺族乡产业扶贫工作领导小组。

......

2017 年 8 月 31 日，为全面改善 2014—2016 年建档立卡脱贫巩固户住房安全条件，实现"两不愁三保障"目标，基诺族乡开展 2014—2016 年建档立卡脱贫巩固户农村危房改造工作。

......

2017 年 9 月 5 日，为进一步解决四类重点对象住房安全问题，有效改善住房条件，基诺族乡开展 2017 年农村危房改造工作。

......

2017 年 9 月 18 日，加大金融精准扶贫力度，落实金融支持到村到户，基诺族乡开始实施扶贫小额信贷管理办法。

......

2017 年 10 月 18 日，为切实做好建档立卡贫困人口医疗保障工作，促进健康扶贫工程的顺利实施，基诺族乡制定健康扶贫"先诊疗后付费"工作实施方案。

……

2017 年 11 月 15 日，基诺族乡制定建档立卡贫困人口大病专项救治工作实施方案。

……

2017 年 11 月 24 日，基诺族乡开展教育扶贫工作。

……

2017 年 12 月，基诺族乡洛特村委会脱贫退出建档立卡贫困村。

……

2018 年 3 月 28 日，为坚决打赢脱贫攻坚战,基诺族乡进一步开展"挂包帮""转走访"工作。

……

2018 年 5 月 9 日，基诺族乡开展 2018 年脱贫攻坚农村危房改造工作。

……

2018 年 6 月 1 日,基诺族乡开展脱贫攻坚乡级路线图、村级施工图建设工作。

……

2018 年 6 月 7 日,基诺族乡开展"万吨水泥进农村"工作,采取"四个一点"投入模式,深度组织群众投工投劳,切实解决好广大群众最迫切、最关心的生产生活环境问题。

……

2018 年 7 月 11 日，基诺族乡在贫困村开展"三讲三评"工作。

……

2018 年 9 月 10 日，基诺族乡集中 3 个月的时间开展百日攻坚大会战。

……

2018 年 11 月 8 日，在基诺山基诺族乡进入全力冲刺的 30 天。

……

2018 年 11 月 9 日，基诺族乡开展"访民情解民忧蹲点调研促攻坚"工作。

……

2018 年 11 月 15 日，基诺族乡制定"万企帮万村"精准扶贫行动实施方案。

……

2018 年 12 月，基诺族乡巴卡、迁玛、巴亚三个建档立卡贫困村脱贫出列。

2019 年 1 月，基诺族宣告实现整族脱贫。贫困发生率从 2014 年的 3.90% 降

至 2019 年的零，农民人均纯收入从 2013 年的 8558 元增长到 2018 年的 11757 元。这是一个伟大的时刻，基诺族由此实现了千年的跨越！

为了巩固脱贫攻坚成果，基诺族人民不放松，社会各界的帮扶力量仍源源不断。2019 年 3 月 31 日，云南省军区开展对基诺族的整族帮扶，云南省军区产业扶贫项目（基诺族乡茶厂）正式开工建设。

......

2019 年 4 月 20 日，为全面消除农村危房，基诺族乡开展 2019 年脱贫攻坚农村危房改造工作。

......

2019 年 5 月 24 日，基诺族乡建立"爱心超市"，借助社会大家庭的力量，搭建起长期关爱、扶助弱势群体的平台。

......

2019 年 6 月 1 日，基诺族乡开展"巩固拓展脱贫攻坚成果，防止返贫致贫工作"。

......

2019 年 6 月 18 日，基诺族乡开展非四类重点对象农村危房改造贷款工作。

......

2019 年 8 月 20 日，基诺族乡开展沪滇协作企村结对工作。

......

2019 年 8 月 26 日，巩固脱贫，防止返贫，基诺族乡制定 2019 年以工代赈活动实施方案。

......

2019 年 10 月 26 日，基诺族乡贫困户开展以"消费扶贫，助力脱贫攻坚"为主题的生态农副产品展销活动。

......

2020 年 1 月 30 日，基诺族乡在全乡开展脱贫攻坚挂牌作战，推动全乡脱贫攻坚工作向纵深发展，进一步巩固脱贫攻坚成果，确保全面打赢脱贫攻坚战。

......

2022 年 4 月 27 日，基诺族乡组织开展全乡扶贫数据信息"账账相符、账实相符"工作。

......

2020 年 3 月 30 日，基诺族乡全面开展脱贫攻坚百日总攻行动，确保打赢打好脱贫攻坚战。

……

2020 年 6 月 25 日，基诺族乡于景洪市泼水广场举办基诺族乡第二期农户生态产品展销会。

……

2020 年 10 月 25 日，基诺族乡结合"特呢朵"赶集日开展消费扶贫活动。

……

正是通过这一步步脚踏实地的改天换地，莽荒之地变成了绿水青山，基诺族也已从那个"瘦骨嶙峋""羞涩内敛"的孩童成长为了"健壮结实""与时俱进""自信从容"的耀眼青年。

在党中央领导下，基诺人民取得了脱贫攻坚的全面胜利，完成了整族脱贫奔向小康的现实答卷。2019 年基诺族整族脱贫，贫困发生率从 2014 年的 3.90% 降至 2019 年的零，农民人均纯收入从 2013 年的 8558 元增长到 2018 年的 11757 元。这是基诺族社会文明发展史上的又一大飞跃，是人类减贫事业和社会发展史上一抹灿烂的光辉。这具有新时代特色的治贫体系和治理能力，彰显了中国共产党的执政能力和国家制度优越性，在脱贫攻坚的战役中，不仅实现了经济、社会、文化生态等全方位质变，更收获了基诺族与国家、基诺族与党、基诺族与各民族团结奋进共筑中国梦的动人故事。

乡村振兴奔向繁荣

党的十九大提出实施乡村振兴战略，是以习近平同志为核心的党中央着眼党和国家事业全局、顺应亿万农民对美好生活的向往，对"三农"工作作出的重大决策部署，是决胜全面建成小康社会、全面建设社会主义现代化国家的重大历史任务，是新时代做好"三农"工作的总抓手。

对于基诺族而言，乡村振兴又是迈向新台阶的重大发展机遇。基诺族乡乡长李柏忠在 2022 年云南省人代会上提交了《关于把基诺山纳入云南省乡村振兴示范乡镇的建议》。

根据中央关于实施乡村振兴战略的意见和乡村振兴战略规划，西双版纳

州相继出台了地方乡村振兴规划。景洪市根据政策与规划，结合地方实际，于2020年12月编制了《景洪市乡村振兴战略实施规划（2018—2022年）》。规划按照乡村振兴20字方针，产业兴旺、生态宜居、乡风文明、治理有效、生活富裕的总要求，对全市实施乡村振兴战略作出总体设计和阶段谋划，明确至2020年全面建成小康社会和2022年召开党的二十大时的目标任务，强化政策保障，确保乡村振兴战略在景洪全面实施。同时还制定了《景洪市2021年县处级领导干部挂钩乡村振兴联系点方案》《景洪市2021年巩固拓展脱贫攻坚成果同乡村振兴有效衔接行动方案》《景洪市乡村振兴"一十百"示范工程实施意见》《景洪市成立实施乡村振兴战略五大工作专班方案》等系列文件，坚持五级书记抓乡村振兴，接着干、不停歇，做到工作不断、队伍不散。2021年6月11日，景洪市乡村振兴局挂牌成立，新设立了景洪市乡村振兴信息中心，进一步推动乡村振兴信息化建设，为领导小组提供科学决策依据。

另外，景洪市还采取注入新力量提升驻村帮扶的办法，严格管理，充分支持，选派精干力量40支145人（包括14支74人抵边村驻村工作队）驻村帮扶，积极参与边境疫情防控、人居环境提升、乡村振兴等工作。同时，针对重点乡村振兴村启动企业等社会力量挂钩帮扶，金融、保险等部门也加入了定点帮扶的队伍，为巩固拓展脱贫攻坚成果、全面推进乡村振兴提供有力支撑、注入强劲动力。

具体措施：

1. 围绕"特""优"战略助推产业振兴

围绕"特""优"战略，实施茶叶、橡胶、肉牛三大百亿产业提升发展行动，制定出台《景洪市三大百亿产业提升发展支持措施》，实行"链长制"，加大扶持力度，培育发展带动帮扶主体，完善联农带农利益联结机制，紧抓不放产业发展这个农民增收的核心节点。全市52个产业基地被认定为"绿色食品牌"产业基地，其中，基诺族乡也在产业认定的范围。"景洪攸乐茶"等7个农产品地理标志证明商标申报2021年云南省"绿色食品牌"品牌目录。

2. 通过招才引智助推人才振兴

坚持以需求为导向，全方位拓宽招才引智渠道，广纳八方才俊。深入实施"农村领头雁"工程，回引青年人才63人，培养成村"两委"干部25人。挂牌成立"招商引资"工作站和"招才引智"工作站，通过招商引资等项目引才、育才、用才、留才。大力培育教师和医生等专业人才。基诺族人口较少，人才储备空虚，人才

振兴政策将助推基诺族人才兴旺，为基诺山引入更多人才提供条件。

3. 通过保护与创建工作相结合助推文化振兴

弘扬民族文化，做好非物质文化遗产和文物保护工作。基诺族现有国家级非物质文化遗产两项。基诺族乡不断加强民族团结进步示范创建，加强民族团结进步宣传教育，开展形式多样的宣传活动，铸牢中华民族共同体意识。强化信用村建设，景洪市基诺族乡小普希、司土小寨等 21 村组被评为信用村。深入开展文明村创建，不断提高农村广大干部群众思想道德和科学文化素质。

4. 通过环境整治助推生态振兴

强化森林资源保护，围绕林草政策，通过天然林资源保护工程项目，将符合条件的 228 名脱贫卡户人口聘用为护林员。持续提升村容村貌整治水平。创建省级卫生村，规范农村生活垃圾治理，推进农村"厕所革命"，开展"美丽宜居乡村建设大比武"。持续推进"万吨水泥进农村"项目进一步强化基础设施建设，美化人居环境。

5. 通过换届选举助推组织振兴

景洪市在全省率先顺利完成村（社区）"两委"换届工作，实现了"五好两确保三个强起来"目标任务，选出了忠诚担当好"头羊"、堪当重任的好班子。各村寨完善了村规民约，不断形成自治、法治、德治相结合的乡村治理体系。

6. 实施乡村建设行动

突出规划先行，以"干部规划家乡行动"为契机，加快推进景洪市乡村规划编制工作，进一步优化乡村生态空间、农业空间和建设空间。目前，全市已完成 11 个乡镇（街道）共 88 个村委会的村庄规划开发边界线试划工作。基诺族乡新司土村超前谋划，列入景洪市乡村振兴"一十百"示范工程。

（1）对于基诺族而言，乡村振兴战略是壮大"三农"的工作总抓手。作为以农业为主要支撑产业的基诺族，实施乡村振兴战略将在更高标准、更高层次上加快农业农村现代化建设，补齐"三农"短板，夯实"三农"基础，提升农业产业化水平，优化农村发展环境，改善农民生活水平。

（2）基诺族生活聚居在基诺族乡及周边的农村中，乡村振兴战略将推动农村一、二、三产业深度融合发展，全面深化农村改革，不断激发农业农村发展活力，为基诺族聚居区实现高质量跨越式的发展奠定基础。

（3）乡村振兴目标中的生态宜居、乡风文明切中基诺族当前的痛点，实施乡村振兴战略正好能补齐基诺族在人与自然和谐共生、村庄人居环境，以及生活

文明等方面的短板，以提升基诺族生活质量和幸福指数。

（4）通过乡村振兴，基诺族将再次与全国各族同胞，手牵手、心连心，同步实现现代化，共同为全面建设社会主义现代化国家，实现中华民族伟大复兴的中国梦而奋斗。

基诺族受益于党的十八大以来中央对贫困人群、"直过民族""'三农'问题"等政策的巨大支持，在新农村建设、脱贫攻坚、改善民生、农村改革等方面有了较大的突破，在此基础上实施乡村振兴战略，成效已经初显。今后将进一步落实脱贫攻坚与乡村振兴的有效衔接，脱贫不脱责任、不脱政策、不脱帮扶、不脱监管，按照乡村振兴产业兴旺、生态宜居、乡风文明、治理有效、生活富裕的总要求，高质量推进农村经济建设、政治建设、文化建设、社会建设、生态文明建设和党的建设，高质量推进农业现代化、农村现代化、乡村治理体系和治理能力现代化，促进乡村产业、人才、文化、生态和组织振兴。基诺族人民再次发力，为谱写新时代基诺族乡村全面振兴而努力。

基诺族乡巴飘村被列为景洪市"抓党建促乡村振兴"的示范点。巴飘，为基诺语地名，意为理顺人间不正常现象的村寨，属于景洪市基诺山基诺族乡新司土村委会的一个山区村落。过去的巴飘村位于距乡政府4千米的深山之中，交通不便，信息闭塞，居住条件十分艰苦。2002年8月的特大暴雨致使该地出现山体滑坡，全村农户的房屋遭受了不同程度的损坏，其中19户房屋墙体被拉裂，房屋明显倾斜。2003年，巴飘村整体从山上搬迁到公路边，距离乡政府驻地2千米，便利的交通条件改变了人们的生产生活环境。通过扶贫项目的开展，巴飘村的面貌焕然一新。走进巴飘村，一排排整齐而富有特色的基诺族杆栏式房屋，干净的水泥路面，四周装点着绿色的热带植物，让人心情舒畅。

2021年，巴飘村民小组共有常住农村居民62户273人，劳动力231人；共设有1个党支部，党员18人；有脱贫户1户2人。全村经济收入主要以种植茶叶、橡胶等为主，巴飘党支部集体经济中橡胶地67亩、茶叶地5亩、空地转租1032余亩。近年来，随着基诺族乡党委政府对"特呢朵"赶集积极谋划和全力推动，吸引了大量的游客和外来人口涌入，这必将推动基诺族乡旅游观光、民族手工艺品、餐饮业、民宿、娱乐休闲活动的兴起。面对经济、社会、民生等方面即将发生大变化，巴飘村以创建基层社会治理现代化示范点为契机，推行政治引领、法治保障、德治为辅、自治创新、智治联防，"五治融合"全力助推乡村振兴不断深化，使巴飘村和谐有序、充满活力。

2022年基诺族乡乡村振兴"百千万"示范工程建设计划总体目标任务为：建设乡村振兴示范乡镇及小普希美丽村庄。小普希村认真贯彻落实"建设幸福村居，打造美丽乡村"的工作部署，在乡党委、政府的关心和领导下，在上级有关部门的大力支持下，紧紧围绕"产业兴旺、生态宜居、治理有效、乡风文明、生活富裕"的宗旨，带领村民积极开展美丽宜居乡村建设，促进全村经济发展，改善全村人居环境，全面建设宜居、宜业、宜游的美丽乡村。

巴来村民委员会小普希村位于基诺族乡东南部，村所在地距乡政府16千米。2021年末有15户60人，辖区内居住着基诺族、汉族。这是一个仅有15户居民的小山村，曾经因交通不便，甚少与外界往来，世代守护着茶山的宁静与和谐，与茶为伴，也因此存留着原生自然风貌和民族文化。

当前小普希美丽乡村建设项目总投资3600万元。一期为小普希美丽乡村环境提升，提升改造面积约20亩，主要建设内容包括建筑配套、景观环境、寨门、停车场、村寨风貌改造等；二期为树蛙部落，占地面积约12亩，主要建设内容包括装配式树屋及构筑物，并将引入WWF自然学校、大象粑粑生态体验、树上书屋、最美礼堂等。项目主要采用文创艺术改造方式，在恢复基诺族风貌的同时，运用文创化的艺术改造手法，将村落打造为富有民族特色的旅游风情地。项目将从原有道路提升、村庄环境优化、庭院景观美化、经营业态引导四个方面着手，采用部分改善、轻度改造、中度改造三种模式，在村落改造恢复传统面貌的同时，引入特色茶室、大象粑粑生态体验、树上书屋、雨林吊桥、半山酒店、生态树屋、儿童乐园、WWF自然学校、村民餐厅等一系列业态，打造最美基诺族村落。

同时，华侨城云南集团也正积极帮扶当地村民，共同研究推出茶叶制作、手工艺品编制、热带雨林徒步等多元体验活动，美好生活愿景让过去这个贫困的小山村大放异彩，正朝着产业兴旺、生态宜居、乡风文明、治理有效、生活富裕的目标大踏步前进。

深山走出脱贫路

云南人口较少民族脱贫发展之路

从果腹到小康：
绿水青山就是金山银山的
践行者

　　对于基诺族而言，最大的价值在生态，最大的责任在生态，最大的潜力也在生态，优越的生态禀赋，是基诺族人的生存之基、发展之本。发展生态产业就是基诺族的富裕之钥。

基诺山热带雨林（摄影：徐何珊）

摆脱靠山吃山的重度资源依赖

过去，作为山地民族的基诺族为了生存，靠山吃山，通过简单的粗放式农业和采集狩猎向大自然索取生存所需的基本物质资料。后来随着人口的增长及社会的快速发展，基诺山人与地的矛盾日益尖锐。基诺族人口从 1954 年的 5002 人迅猛增长至 1999 年的 11238 人。截至 2020 年，人口普查统计，基诺族人口数已经达到了 26025 人，其中生活在基诺山基诺族乡中的基诺族就有 12772 人。

人口的数倍增长，人地矛盾的突出，使高度依赖自然资源的基诺族发展面临困境。有专家研究指出，刀耕火种的有序轮耕，要保证刀耕火种人类生态系统的平衡和良性循环，那么人均占地至少为 21 亩。如果低于此数，就无法进行正常的有序轮歇，林地的生态系统就将遭到破坏，刀耕火种农业系统就将陷入慌乱，甚至走向崩溃。[1]传统的生计方式与客观生态环境的矛盾不断显现，自然环境不堪重负，刀耕火种已经不适用于基诺族人民的生存和发展。虽然在政府持续的帮扶下，多种经济作物被引进，但保守的基诺族仍习惯粮食自给，对经济作物的种植一直持有保留态度，且一旦种植的经济作物价格下跌就只有抛荒。如 1989 年市场疲软，砂仁价格暴跌，有些村寨就出现了毁砂仁种田或抛荒的现象；20 世纪 90 年代茶叶的价格下跌，也出现类似情况。[2]再加上改革开放以后，人们对生活水平的需求越来越高，单一靠种粮食解决温饱已经不足以支撑基诺族的发展需求。

显而易见，以牺牲生态环境求发展的老路子已经行不通了。随着自然保护区的建立，基诺山生态环境的保护任务更加繁重，过去以资源开发为主，粗放而落后的生产方式必须顺应社会的发展而进行改变。在退耕还林的形势下，经济林木的广泛推行势在必行。

20 世纪 80 年代，基诺山区开始贯彻"以林为主、多种经营、因地制宜、综合发展"的方针。一方面充分发挥热带山林的自然优势，另一方面在保护生态环

---

① 尹绍亭：《云南山地民族文化生态的变迁》，云南教育出版社 2009 年版，第 155 页。
② 高发元：《云南民族村寨调查：基诺族——景洪基诺山基诺族乡》，云南大学出版社 2001 年版，第 86 页。

境的同时发展生产。在党和政府的扶持下，积极对农业结构和农村产业结构进行调整，采用先进适用技术改造粮食种植，由原来粗放落后的旱地耕作方式向粮食种植的科学化目标迈进。在基诺族地区广植经济作物，科技上山，促进山区农民的经济发展。

为此，政府还制定了许多解放生产力、鼓舞人民生产积极性的扶持政策。1982年开展"林业三定"。1983年开展"两山一地"改革，"自留山、责任山和轮歇地固定到户"。1984年土地承包工作落实到户。至此，基诺族群众的劳动积极性得到激发，经济发展进入了一个新时期。所谓"林业三定"，是指未定山权、林权，确定社员自留山，确定林业生产责任制。结合"林业三定"，划定轮歇地，并承包到户，建立健全护林组织，订立爱林护林公约，落实有关口粮、价格、购销、奖售、换购以及依法治林等一系列山区政策。国有林和集体林比例以县为单位，国有林占60%~70%，集体林占30%~40%，原定的自然保护区，原则上不列入"林业三定"的划分范围。凡属现有的原始森林，集中成片的成材林，原则上划为国有林；澜沧江等支流两岸200米以内的范围划分为保护林；公路两旁50~200米以内的地段划为护林路。"林业三定"对基诺山森林的保护和利用作出了明确的指示和规范，彻底改变了过去随意砍伐和开荒的破坏性行为。而包产到户则刺激了劳动力发展，解放了生产力，经济作物的种植广泛提升，人们的生活水平也有了较大改善。但追求以经济效益为主的个体经营生产，盲目无限种植，甚至开荒毁林，从而导致发展的不可持续。

2013年5月，习近平总书记强调，在新时代中国特色社会主义建设实践中，全党必须坚持生态文明建设理念，要科学理解生产力的内涵，牢固树立生态环境也是生产力的理念，从保护生产力、发展生产力的视角，重视生态环境的保护和改善，一定要彻底摒弃与"征服论"相关的错误观念，积极谋求生态环境保护与社会经济发展之间的和谐互生。2017年10月18日，习近平在党的十九大报告中指出，坚持人与自然和谐共生，必须树立和践行绿水青山就是金山银山的理念，坚持节约资源和保护环境的基本国策。"两山论"破解了现代化进程中生态与经济的矛盾。

"绿水青山就是金山银山"理念，是对生产力理论的重大发展。在传统发展模式中，经济发展和环境保护是一对"两难"的矛盾。美国经济学家库兹涅茨认为，当经济发展水平较低时，环境污染程度较轻，但是随着经济的增长，环境污染由低趋高；当经济发展到一定临界点后，环境污染又由高趋低，环境质量逐

渐得到改善，这种现象被称为"环境库兹涅茨曲线"。

习近平总书记敏锐地意识到这个问题，曾鲜明指出：生态文明建设事关中华民族永续发展和"两个一百年"奋斗目标的实现，保护生态环境就是保护生产力，改善生态环境就是发展生产力。

生态环境问题归根到底是经济发展方式问题。正确处理好经济发展同生态环境保护的关系，切实把绿色发展理念融入经济社会发展各方面，推进形成绿色发展方式和生活方式，协同推进人民富裕、国家富强、中国美丽是人们的奋斗目标。

西双版纳州是全国首批、云南首个国家生态文明建设示范州。州委、州政府积极响应国家政策，指导发展战略为大力发展生态产业，全力推进产业的生态化，着力发展壮大特色生物、旅游文化、健康养生、加工制造、信息及现代服务、清洁能源六大生态经济产业。

基诺人民在党和政府的帮助下，围绕州政府的战略方向，"走实生态产业化、走上产业生态化"的"两化"路径实践"两山论"，以"生态立乡"，迈出了农林并行的绿色脱贫之路。探索和创建特色优势明显的产业，发挥自然资源优势，大力发展特色农业，把发展林产业作为扩大植被种植面积、改善生态环境和增加农民收入的重要措施。在发展特色农业的同时发展旅游文化产业，走出一条绿水青山就是金山银山的实践致富之路。

精准扶贫以来，根据景洪市"五个一批"脱贫资金使用计划，对基诺族乡2016—2020年产业扶贫累计投入财政专项资金341.534万元，扶持项目8个。各级党委政府和部门积极帮扶产业发展，组织开展茶叶初制加工、橡胶管理、生态养蜂等技术培训，找准茶叶、砂仁、橡胶三大优势产业，作为全乡群众主要增收途径，根据市委、市政府的要求，对基诺族乡2016年脱贫人员进行了产业发展确认，以贫困户的实际需要为准，乡上以统筹规划为辅，完成了贫困户需求调查及资金分配，根据产业发展资金使用方案的要求，通过招投标、优价比选等方式完成了柚子、坚果、杧果等经济林木的采购。

有了产业发展资金和项目还不够，还需要帮助贫困户解决急需的生产技术难题。积极开展产业技术培训是必需。基诺族乡确保有劳动力的建档立卡贫困家庭户均有1人以上参加过1门以上实用技术和劳动技能培训，户均掌握1~2项劳动技能，以实现建档立卡贫困户技术培训服务全覆盖为目标，积极做好建档立卡户农业产业技术服务工作。以贫困村、贫困人口退出为目标，培养一批有技术、

懂文化、善经营、会管理的劳动者。基诺族乡结合实际制定了《基诺族乡2019年农业产业技术服务工作实施方案》，结合2019年扶持产业情况和2018年前期产业建设情况，开展以橡胶病虫害防治技术、粮食高产栽培技术、水果种植管理技术、农产品质量（农药）安全知识、生猪养殖、蜜蜂养殖等实用技术培训，共开展各项农业产业技能培训29期1594人次，其中建档立卡贫困户672人次。

当然，好马配好鞍，好的项目还需要科学合理的、可持续的发展模式，通过建立采取"贫困户＋企业""贫困户＋合作社""政府＋合作社＋协会＋农户"等方式，建立起贫困户与企业融合发展新模式，保障建档立卡户195户651人产业收入的持续性和稳定性。

此外，为激发脱贫内生动力，景洪市还做好了金融扶贫、小额信贷的助力工作，大力开展金融扶贫，为贫困户增加了脱贫的底气。至2021年，基诺族、布朗族、拉祜族中共有733户享受扶贫小额信贷3125.8万元。创新开展"基诺山货赶街日"等消费扶贫活动，为农民销售农特产品、山茅野菜、民族工艺品搭建平台，拓宽增收渠道。

基诺族乡开展技术培训（供图：基诺族乡政府）

基诺族乡碧绿的水田（摄影：徐何珊）

　　通过大力扶持基诺族发展生态经济产业，景洪市在发展产业的各个环节铺路搭桥，打下了产业发展的坚实基础。依靠科研部门科技上山的支持，鼓励广泛种植经济作物，稳固茶业、橡胶、砂仁等优势产业，拓宽经济作物的多样化种植，同时鼓励消费，促进旅游文化产业，不仅促进了山区经济的发展，而且改善了生态环境，使生态效益与经济效益步入良性循环的轨道，基诺族人的"钱袋子"也逐渐鼓了起来。

　　绿水青山就是金山银山，基诺族乡94.01%的高森林覆盖率，是生态经济产业发展的基础，保护生态便保护了经济命脉，持续做好生态保护、打造生态品牌才是可持续发展的坚定方向。基诺山从无人问津的荒山野岭变成了产业兴旺的金山银山，吸引着大量外地人到此来投资发展，每当茶叶丰收时，基诺山排满了来运春茶的货车。碧绿的基诺山瓜果飘香，生态优势变成经济优势。基诺山绿色生态蕴藏着巨大的能量，人与自然和谐发展，成为基诺族人发展致富的巨大支撑。

绿色生态产业见成效

　　响应"绿水青山就是金山银山"的号召，在退耕还林有限的土地面积中获得金山银山，兼顾生态与经济效益是基诺族长期的重要课题。科学种植多样化的经济作物，发展绿色生态产业是出路，但对于此，基诺族却走过了漫长曲折之路。

　　早在20世纪六七十年代，政府对于基诺族乡的发展就提出了"以粮为纲，全面发展，多种经营"的口号，除粮食生产外，还提倡广植经济作物，并开辟购销途径。基诺山除传统的棉花、茶叶、花生、紫胶之外，还先后种过砂仁、橡胶。在药植所的帮助下，在基诺山的巴飘、司土新寨和巴亚等地建立砂仁种植示范基地。但当时因为对经济作物不熟悉，种植多为试点，面积小，1977年，全乡砂仁面积仅1750亩，成效局限。1980年，在"以林为主、多种经营、因地制宜、综合开发"的方针下，基诺山被列为热带山区建设的试验示范区，组织科技普查队，调查土质、山林、气候、水源和社会经济状况。普查结果显示，全乡有橡胶宜植地26000多亩，砂仁宜植地12900多亩，茶叶宜植地数万亩，草场有效面积153900多亩。[①]

　　橡胶、砂仁、西番莲等经济作物受益渐显，粮食种植面积缩减，但由于杂交水稻和化肥、除草剂的使用，产量反而增加。1987年基诺族乡粮食播种面积比1980年减少11%，总产量增加了98万千克，增长率为21.5%，人均占有量为520千克。与此同时，全县橡胶面积达到1.6万亩，茶叶面积6500亩，人均经济作物面积3.7亩，经济作物占农业总收入的2/3。1991年全乡农业总收入达1181.2万元，比1980年增加9倍。特别是巴坡、巴亚新寨、巴奎等，普及橡胶，种植西番莲、香蕉等，成为基诺族乡较为富裕的村寨，特别是巴奎，1995年人均总收入达4450元，纯收入近3045元，而偏远的毛娥老寨，人均总收入为1822元，纯收入仅1246元。

　　调整农业结构后，景洪市经济有了大幅上升，经济作物成为基诺族人民主要的收入来源。但打击随之而来，因基诺族不懂市场经济规律，对经济作物的知

① 高发元：《云南民族村寨调查：基诺族——景洪基诺山基诺族乡》，云南大学出版社2001年版，第78页。

识掌握也十分有限，受市场等因素的制约，导致供销不畅，严重挫伤了村民的种植积极性。经济作物的推广主要是政府主导，村民显得非常茫然和被动。例如，西番莲的种植是乡政府与西双版纳州百果洲天然食品（集团）有限公司签订合同，倡导农民种植的，并采取了统收统购的方式，头几年价格好，但1999年产量大，价格下跌，造成极大浪费，也令群众产生不满情绪。有些村寨看到橡胶收益好，不管宜种与否都去种，要么胶质不过关，要么不出胶，或被霜冻。咖啡种植也出现过类似情况。村民总是看到收益后才陆续开始跟风种植，而遇到灾害或滞销则又抛荒，受挫容易放弃，对于种植经济作物的科学培训是关键。[①]

通过精准扶贫，回顾基诺族经济作物在发展过程中遇到的挫折，综合分析经济作物发展不理想的原因主要有三点。

（1）产业结构单一。主要收入靠种植茶叶和橡胶，以及养殖。经济作物种植的品种仍以单一化为主，砂仁面临老化、产量低的问题，西番莲价格下跌，风险性大，优质品种比例较小，更多的经济作物品种还待培训引进。

（2）对于经济作物的管理能力较弱。虽然举办了较多的科技培训和行业技能培训，但大部分群众对实用技术的掌握有限，科技使用水平较为低下，生产技术落后，种植栽培管理粗放，经济效益低，收入渠道少。

（3）经济观念落后。基诺族中年以上劳动力多数为小学文化，部分甚至是文盲或半文盲，接受新观点、新理念的能力弱，传统的"家庭式"自产自销模式根深蒂固。缺乏市场经济的知识和抵御风险的能力。

种植业属于长效产业，1~3年不能见到较为明显的经济效益，且经济作物对科学种植的要求、市场经济能力的把握等都需要一定的技术和相应的专业知识。对于"直过民族"的基诺族而言，恰恰切中了其文化素质较低的短板。

针对这些短板，景洪市提出"以短养长、以短促长"产业发展模式。围绕《景洪市"十三五"产业精准扶贫规划》，制定并认真落实年度产业扶持计划，累计投入产业扶持资金6851.84万元，帮助贫困户实现户均增收1.06万元。

（1）扶持贫困户发展特色种植养殖产业，累计惠及贫困户76户264人。共聘请337名产业发展指导员帮助贫困群众发展产业，培养群众提高自力更生

49

① 高发元：《云南民族村寨调查：基诺族——景洪基诺山基诺族乡》，云南大学出版社2001年版，第85-87页

意识，提高自我发展能力。

（2）引导新型农业经营主体通过"党组织＋公司＋合作社＋农户（贫困户）"的模式，推进订单生产、生产托管、土地流转、就业务工，促进群众多渠道增收。共有新型经营主体61家（合作社14家、企业41家、其他新型经营主体6家）与贫困户签订利益联结协议，实现有产业扶持有劳力的贫困户利益联结机制100%全覆盖，提供就业岗位3014个，带动建档立卡贫困人口就业1194人。

（3）做好扶贫小额信贷，认真落实"5万元以下、3年以内、免担保免抵押、基准利率放贷、财政贴息、县建风险补偿金"的扶贫小额信贷政策，为贫困户发展产业解决资金短缺问题，贷款资金主要用于发展生产。

（4）开展消费扶贫，解决产业扶持农产品"卖不出去"的难题。

面对基诺族的产业发展困境，景洪市专门制订了经济产业的扶持计划。

1. 积极开展产业培训，助力脱贫攻坚

基诺族乡积极开展产业培训，培训项目主要是针对贫困户急需的种植业和养殖业的培训，种植业培训有杧果、坚果、砂仁、李子、柚子、茶叶和橡胶等种植技术的培训；养殖业培训有养猪、养鸡等相关技术培训；定期组织产业观摩学习，带领各村贫困户到大渡岗乡、勐养镇、景洪市、嘎洒镇等地参观学习其产业发展方式方法，通过产业观摩学习，极大地增强了各村贫困户脱贫致富的决心。

由于经济林果种植属于长效产业，短期内还不能收到明显的经济效益，但就目前种植效果来看，通过前期各类种植技术的培训和在苗木发放过程中现场种植技术示范指导，及后期苗木种植管理技术培训，所帮扶的经济林果产业定植后成活率较高，长势良好，贫困户基本能按照技术人员讲解和相关技术要求进行后期肥水管理。2016—2020年开展茶叶加工、家禽饲养技术、电子商务知识、服装剪裁、电焊工、蜜蜂养殖等培训44期，共计1076人次。

2. 精准培育特色产业

在基诺族聚居区内提升优化橡胶、茶叶产业，复壮砂仁产业，培育壮大山谷红米、小耳朵猪、小香冬瓜等本土特色农产品产业，大力发展林下种植石斛、黄精产业。对基诺族乡脱贫人员进行了产业发展规划和确认，以贫困户的实际需要为准，乡上统筹规划为辅，完成了贫困户需求调查及资金分配，根据产业发展资金使用方案的要求，通过招投标、优价比选等方式完成了养殖类、种植类的采购。2016—2018年，投入产业扶贫资金185.02万元用于发展种植、养殖产业，以建档立卡贫困人口为扶持对象，以户为扶持单元，帮助全乡建档立卡贫困户建

立了坚果、杜果、柚子、砂仁等长效经济作物种植基地；2019—2020 年投入产业扶持资金 90.905 万元，采取"企业＋农户"的合作发展模式，集中使用有限的财政扶持资金。以建档立卡贫困人口为扶持对象，以户为扶持单元，帮助全乡179 户建档立卡贫困户建立了坚果、杜果、柚子、砂仁等长效经济作物种植基地922 亩，使户均的经济作物种植基地达到 5.1 亩，人均达到 1.4 亩，同时依据贫困户的实际，扶持帮助 175 户开展了土猪、土鸡、蜜蜂等养殖产业发展，为贫困户初步建立了长短结合的经济支撑产业，为后续经济稳定增收奠定了基础，实现了对全乡建档立卡贫困户产业扶持全覆盖，贫困户中有 92 户 324 人实现发展生产脱贫。

在养殖业方面，过去基诺族养殖的猪仅为自给自足，未形成产业。精准帮扶后，通过扶持猪、鸡养殖，培训养殖技能，从目前所处生长阶段和养殖效果来看，大部分贫困户能够按照技术人员要求进行规范养殖，按期进行畜禽疫病防控。只有少部分及个别贫困户思想僵化，未能按照技术规程进行饲养，以致出现畜禽死亡现象。据部分养殖的贫困户介绍，他们的鸡和蛋已经开始陆续出售，照目前市场行情，收入还算可观。总体来看，畜禽养殖目前长势正猛，按照目前饲养管理技术和长势，待育肥或出栏后进行畜禽养殖的贫困户能有可观的经济收入。2020 年，基诺族乡用建档立卡户财政产业扶持资金 51.04 万元投入云南滇云蜜语生物科技有限责任公司，公司出资 16.96 万元，双方合资 68 万元投建"基诺族乡蜜蜂养殖发展基地"。

基诺族乡推广种植柚子等经济作物
（摄影：徐何珊）

3.壮大村集体经济，培养致富带头人，扶持农村专业合作社

通过扶持农村专业合作组织、农村致富带头人，提高贫困人口素质、技能水平和致富能力。精准扶贫之前，全村7个村民小组的集体经济基本上为"空壳村"，精准扶贫开始，党组织和村干部开始谋求探索村集体经济的发展。在种植、养殖等方面找准产业定位，以"党支部＋公司＋农户"订单式发展模式，壮大集体经济。如普希老寨村小组的生态猪养殖项目及附属工程，实现了村集体经济零的突破。

精准扶贫以来，基诺族乡因地制宜推进三月甜李、澳洲坚果、早柚、金煌杧、晚熟杧等特色产业，多种热带特色农业产业全面开花。2016年至2019年末，全乡累计投入产业扶持专项资金275.925万元发展种、养殖产业。

巴来村委会大巴洒村民小组是全乡最早发展橡胶的村寨，也是基诺族乡最先富起来的村寨。在"两山"综合扶贫过程中，村民小组大量种植橡胶。截至2014年，巴洒寨子种植橡胶9200多亩，人均拥有橡胶30多亩，人均收入超过20000元，是全乡农民人均可支配收入的两倍多。最早种橡胶的12户人家平均年收入近40万元。如今，大巴洒村民小组82户人家都住进了新房子，半数以上人家拥有了轿车。

春种一粒粟，秋收万颗子。至2019年末，全乡耕地面积20594亩。其中，水田7582亩，全乡粮豆播种面积31082亩，粮食总产量8121.46吨，全乡人均占有粮为691千克；橡胶种植面积18.21万亩，开割面积15.32万亩，产量7845吨；茶叶种植面积2.84万亩，产量1322.09吨；玉米种植面积25744亩，产量6403.33吨；水果种植面积2.53万亩，量6494.8吨；水产品养殖面积619.8亩，产量238.43吨；生猪存栏838头，出栏7074头，家禽存笼79906只，出笼75640只。

巴亚新寨是基诺族山区村寨。一直以来，巴亚新寨的基诺族群众靠山吃山，日子过得紧紧巴巴。1993年，刚上任村小组会计的先资与村小组干部商量，怎样带领群众创业致富。

先资说："以前我们巴亚寨子收入太单一了，光靠种粮食我认为老百姓富不起来。当时我们的山地边有一个老板在种这个李子，我看着效益很好，就学习种植，引进试种了一些，觉得产量和价钱都不错，心里有底了，就带动老百姓一起种。"确定了要合理调整农业产业结构，进行多元化种植，走出了一条"要致富，种李子"的村寨特色产业发展道路。

基诺大鼓奏响幸福声

1994年，先资等村干部以村组名义向乡农村信用社贷款5万元，与吴汉民公司挂钩，实行"公司＋基地＋农户"发展模式，从广东引进一批优良品种"三月甜李"进行种植。同时，多次邀请农业科技人员到村里开展种植技术培训。有了优良的品种、先进的种植技术和资金的支持，村民更有信心了，干劲更足了。"三月甜李"的产量与产值一路攀升，到2010年，全村的李子产量已达到1000余吨，产值250万余元，仅李子种植一项就人均增收4800余元。如今的巴亚新寨家家种李子，全村种植李子800余亩，产品远销昆明、广东、福建等地，成为远近闻名的"李子村"。

巴亚新寨村民周桑说："我们村以前日子不好过，没有什么致富的路子，先资努力想办法。在他的带领下，现在我们村民都富起来了，还学习到了技术，我们都非常感谢他。"

一花独放不是春，百花齐放春满园。先富带动后富，一寨带动整个村委会共同富裕，这是先资最大的心愿。他把已经试验成功的好品种、好技术无偿推荐、传授给巴亚村委会其他村寨的乡亲们，积极带动整个巴亚村委会6个村寨的村民种植早熟甜李。目前，巴亚村委会种植早熟甜李共计2369亩，早熟李产业已逐步走向规模化，在全乡绿色特色产业发展中独具一格。先资鼓励村民不断拓宽增收渠道，倡导每家每户种植橡胶、茶叶等经济作物。2014年，巴亚村委会人均纯收入9247元，村民真正实现了增收致富，摆脱了贫穷的困境，生活水平得到很大提高。

经过十几年的经营，李子丰收了，村民收入也增加了，先资心里又有了想法：要发展多种经营，抵御自然灾害带来的风险。近几年，经过考察，村里开始推广试种香瓜，并逐步取得了成效。

"以前我家的6亩田基本上都是租出去，每年每亩地的租金也就是500元。2013年底，我开始种植香瓜，当年不敢多种，就试种了2亩多，没想到丰收的时候赶上了好价钱，卖了2万多元，亩产都超过了1万元，全家都高兴坏了。"村民周桑说道。

53

看到周桑的成功，巴亚新寨村民们的积极性被充分调动了起来，纷纷因地制宜种植香瓜、糯玉米、西瓜、无筋豆等冬季作物，拓宽了增收渠道。如今，全村500多亩水田无一外租，村民们勤劳致富的信心越来越足。

在巴亚新寨的带领下，巴亚村委会6个村寨的村民也跟着种植早熟甜李、茶叶等经济作物。2014年，巴亚村委会人均纯收入超过9000元，村民们实现了

增收致富，摆脱了贫穷，生活水平得到很大提高。①

先资这个看起来非常朴实的巴亚新寨村民小组组长，先后被评为"西双版纳州劳动模范""景洪市集体林权制度主体改革暨农村土地承包经营权证补换发工作先进个人""云南省少数民族农民科技致富带头人""云南省劳动模范""国家科普带头人"等。2015年，先资当选全国劳动模范，他说："第一次走进人民大会堂，感觉神圣、庄严，那一刻觉得自己的所有付出都是值得的。获得'全国劳动模范'的光荣称号，我感到很高兴、很激动，这是我人生中一个新的起点。今后，我会更加努力，多为群众做好事，多为国家和社会作贡献，一定不辜负群众的支持和信任，对得起'全国劳动模范'这个称号！"

 ## 攸乐茗茶再放异彩

 ### 基诺茶产业的涅槃重生

基诺族有着悠久的制茶历史，攸乐茶曾享誉天下。直至清朝末年，攸乐山古茶园面积尚有1万亩左右，而几经沧桑，至今古茶园荒芜面积达70%以上，现存古茶园面积只有2900多亩。

基诺山地处北热带、南亚热带气候地区，常年高温、多雨，年平均温度在20℃以上，生态环境优越，植被茂密无污染。古茶树、古茶园在海拔1100~1500米，土壤属砖红壤和红壤之间，土层深厚，土壤肥沃，森林覆盖率较高，有机质含量高，是大叶种茶树理想的生长地。普洱茶树生长于原始森林之中，属云南大叶茶种，叶型分为长叶型和椭圆型两种；芽叶分为红梗绿芽和绿梗绿芽两种。古茶树大部分基部围粗在50~120厘米，主干胸围在30~80厘米，树高2~3米，树冠直径在1.5~3米。树势苍老，附生和寄生植物较多，树龄在300年以上。这里的茶树，叶凝浓雾之甘露，根盘深山之矿物，既采日月之光华，无邪毒外污之裹胁，又纳沃土之精微，无化肥农药之交恶。攸乐山的普洱，一年一生的叶芽呈现黄绿色，发芽早，多茸毛。新茶叶片细长，茶梗壮而长，叶片间距较大，一芽两叶的枝条

---

① 景洪市委宣传部：《基诺族乡谱新曲》，景洪发布公众号，2015年5月19日，发表于云南。

长度超过 10 厘米，有悠悠花蜜香。沏出的茶，甘甜醇厚，香扬水柔；茶底清晰，条索依旧；细品慢啜，古韵悠长。①

　　自古基诺山（旧称"攸乐山"）就被誉为普洱茶古六大茶山之首，面积在古六大茶山中比较广大，是云南大叶茶的中心产地之一，早在 1700 多年前就有栽培著作权，历史上最高产量达到 2000 担②以上。

基诺山茶地（摄影：徐何珊）

　　关于基诺族栽培茶叶的历史，有两个口传神话流传至今。在第一个传说里，基诺族的创世女神阿嫫腰白开天辟地、创造了人类后，把天地等分别交给汉族、傣族等各民族去管理。由于基诺人因故未能前去参加分配，阿嫫腰白担心他们生活有困难，便将一把茶籽撒在了基诺山上，让他们以茶为生。从此，基诺山就成了盛产茶叶的地方。第二个传说则讲，早在三国时期，蜀国丞相诸葛亮（孔明）率大军南征到基诺山，有一小部分士兵在行军途中因疲劳而贪睡。当他们一觉醒来，却发现大部队早已走远了，于是急忙追赶，但孔明向来治军严明，

55

---

① 尧寺：《攸乐山与普洱贡茶》，载《中国地名》2016 年第 1 期。
② 担：市制重量单位，1 担 =50 千克，全书特此说明。

不肯收留他们。这些人只得被"丢落"在基诺山，繁衍后代慢慢形成了基诺族。不过，心地善良的孔明先生担心这些掉队者留在这样荒无人烟的大山里难以生存，就给了他们一把茶树籽，教他们种茶谋生。于是，基诺人就在基诺山种起茶来，甚至奉孔明为茶祖。当然孔明未曾来到基诺山更不可能教授基诺族人种茶，但有意思的是，第二个传说后来竟然被清朝地方修志专家采纳。道光年间编撰的《普洱府志》卷二十"古迹篇"记载："六茶山遗器，俱在城南境，旧传武侯遍历六山，留铜锣于攸乐，置铜鉎于莽枝，埋铁砖于蛮砖，遗木梆于倚邦，埋马镫于革登，置撒袋于曼撒，因以名其山。又莽枝有茶王树，较五山茶树独大，相传为武侯遗种，今夷民犹祀之。"可见基诺族种茶的影响力之大，以至于后人不断传颂，津津乐道。

关于基诺山产茶的最早文字记载可追溯到唐宋。唐代的樊绰在《云南志·卷七》中记载："茶出银生城界诸山，散收无采造法。蒙舍蛮以椒、姜、桂和烹而饮之。"宋代文学家李石在其《续博物志》卷七中也说："茶，出银生诸山，采无时，杂椒姜烹而饮之。"据已故的云南地方史专家、云南大学教授方国瑜在《闲话普洱茶》中考证："所谓银生城，即南诏所设'（开南）银生节度'区域，在今景东、景谷以南之地。产茶的'银生城界诸山'在开南节度辖界内，亦即在当时受着南诏统治的今西双版纳产茶地区。又所谓'蒙舍蛮'，是洱海区域的居民。可见早在1200年以前，西双版纳的茶叶已行销洱海地区了。"这里的"南诏"正是指唐代在云南大理一带割据的地方政权南诏国。到了清代雍正年间，云南普洱茶被正式列入朝廷贡茶案册，并被指定为皇家冬天专用茶。诸山茶由此"一鸣惊人"。清代乾隆年间的《滇海虞衡志》这样记载："普茶名重于天下，此滇之所以为产而资利赖者也，出普洱所属六茶山：一曰攸乐，二曰革登，三曰倚邦，四曰莽枝，五曰蛮砖，六曰曼撒，周八百里。"这里提到的"攸乐"就是今天的基诺山。1729年，清政府专门在基诺山设立"攸乐同知"，管理茶叶买卖及相关赋税。当时有许多茶商和马帮前来收购茶叶，基诺山的龙帕寨就曾是清政府设立的茶场和当时的制茶中心。①

到民国时期，在《水摆夷风土记》中连续有《上攸乐山》和《漫谈攸乐人》两篇文章。某一天，姚荷生等三四人从车里乘船到了橄榄坝。"在橄榄坝逗留

① 任维东：《基诺山中出好茶》，《光明日报》，2021年10月9日第9版。

了3天后动身上攸乐山去。"经勐宽、蛮海等村寨到了攸乐山。在《上攸乐山》的题记中，姚荷生引用了李拂一《车里》中的记述："（普洱）产茶之六大茶山，攸乐、倚邦……皆在十二版纳境内。"在正文中，姚荷生也记述了攸乐山和攸乐茶。

"攸乐是普洱六大茶山之一，而且是最有名最重要的一个。以前进贡皇室的普洱茶，就是这山上的出产。这里的茶树都是人工种植，行与行间、棵与棵间的距离都是一定的，有些老茶树，据说已有几十岁，枝上披满绿色和灰色的地衣。土人们很客气，听说我们想买点好茶叶，纷纷地把家藏的顶上春茶送来，这家半斤，那家四两，凑足了二十斤，每斤只要现银二角五分，可是色香味都属上乘，在普洱或昆明都不容易购到的。"[1]另外，在随后的《漫谈攸乐人》一文中详细描绘了姚荷生当时所见的基诺族样貌和生活习俗。其中提到，基诺族向傣族购买米和槟榔，"这笔钱的来源是茶叶。全山每年产茶约五百驮，每驮八十斤，照市价计算，值现金五千元左右"[2]。在《漫谈攸乐人》一文中，最有影响的还是作为题记的一首《龙江打油诗》："昔从武侯出汉巴，伤心丢落在天涯。于今不管干戈事，攸乐山中只种茶。"[3]用短短28个字浓缩了基诺族起源及种茶的传说。1942年，也就是姚荷生写下攸乐人"于今不管干戈事"后才两三年，攸乐人就爆发了反抗国民党和土司统治的起义，在战火中，人员伤亡惨重，茶园大量荒芜甚至毁损，产茶村寨由20多个减为11个，茶叶产量更是剧减，至1944年，攸乐茶山茶叶产量仅有5吨多，茶山荒芜，茶叶生产受到严重破坏，茶产业严重衰败。

中华人民共和国成立后，政府扶持种植茶叶，基诺山茶业开始恢复发展。1960年在亚诺寨办起了一个人工制作粗制红茶的加工厂，茶叶加工组职工22人，年产红茶60担，青茶1000千克，方茶500千克，香茶200千克。1962年、1963年，连续两届西双版纳茶农会议就在亚诺寨召开，不仅吸引着国内的茶叶专家参加，而且还有苏联的茶商不远万里赶来参加会议和洽谈。基诺山还引进了茶叶新品种大叶茶。随后一些村寨也陆续有了茶叶粗制加工厂。直至20世纪80年代，基诺山先后建成良种生态茶园1500多公顷。有记载1993年攸乐茶山产茶1942

① 姚荷生：《水摆夷风土记》，云南人民出版社2003年版，第239页。
② 姚荷生：《水摆夷风土记》，云南人民出版社2003年版，第242页。
③ 姚荷生：《水摆夷风土记》，云南人民出版社2003年版，第241页。

担（97000多千克）。党的十一届三中全会以后，西双版纳州和景洪市确定该地区为山区开发实验区，在有关科研单位的指导下，确立以茶叶、橡胶、砂仁为三大主导产业，大力发展茶叶生产，使茶叶的种植和制作技术有了较大的提升，基诺族经济收入大增，生活明显改善。

党的十八大以来，随着生活水平的不断提升，人们对美好生活的需求日益提高，对环境保护的观念也越来越强。在土地有限的情况下，低级的茶叶产值已经不能带来更多的效益，且高农药对环境的伤害已经让基诺族人深深意识到必须转变路子，提高技术，种植高品质生态茶，重新打响古攸乐茶的名声。

云南省委、省政府出台打造"千亿云茶"大产业相关政策，基诺族乡认真贯彻落实，在景洪市委、市政府的大力支持下，牢牢把握全乡茶产业实现跨越式发展的良机，充分发挥基诺族乡古树茶产业物种资源、生态环境、产业基础、产品特色、民族文化等优势，坚持绿色发展理念，切实转变古树茶产业发展方式，构建绿色产业发展体系、生产体系和经营体系，全面推进绿色发展，加快走出一条产出高效、产品安全、资源节约、环境友好的绿色古树茶产业发展之路。

1. 加强古茶树资源保护，促进基诺古树茶产业可持续发展

深入开展古茶树资源普查，全面摸清全乡古茶树资源分布情况，建立古茶树资源档案库。政府结合实际制定专门的保护办法，明确管护职责，对保护区进行针对性保护，对代表性植株实行挂牌重点保护。严禁对古茶树进行移植、过度采摘，禁止砍伐茶园中的生态树木，保护古茶树资源的遗传多样性与独特性。严禁保护区内挖沙取土、破坏水源、开发建设、污染排放等行为，保护古茶园（山）自然生态环境。规范保护区生产生活、产业开发等活动，减少对古茶园（山）的人为破坏。加大《云南省西双版纳傣族自治州古茶树保护条例》的宣传力度，严格按照保护条例要求加强古茶树资源的保护，促进基诺古树茶产业可持续发展。结合实际制定《基诺族乡古茶树（园）保护及开发利用技术规范》，指导茶农科学合理地保护和利用古茶树资源。

作为基诺山的茶叶生产中心，亚诺寨也是基诺族乡唯——个几乎不种粮，靠茶叶生存的寨子。亚诺寨所产的古树茶在市场上是最受追捧的茶叶之一。对珍稀古茶树资源，亚诺寨实施了一系列的保护与开发措施。

（1）将古树茶园管理实施细则纳入村规民约。如《亚诺村村规民约》第四条，"村民应积极维护本村古茶树的声誉，保护古茶树的生态，不允许在茶园范围内

喷施农药，若有发现或他人举报，除张榜公示其户主外，其生产的茶叶一年内不准投放市场销售及不准村民或他人以任何理由购运外村（地）的茶叶到本村充当本村茶出售，违反以上两条者（收购方和购运方）处当年市场价全数量的两倍罚款"，通过制度来达到管护的目的。

（2）在产茶高峰期组织村内民兵对古树茶园进行巡逻执勤，及时排查火灾隐患，进行卫生保洁，避免偷采滥采及外来茶流入（2019年以来共查处2起外来茶流入行为），为实现基诺古树茶产业可持续发展提供坚强保障。

（3）常态化定期组织召开村民大会，家家户户集思广益，共同商讨古树茶园的管护措施。

（4）定期组织各村专业合作社和初制所负责人到勐海、勐腊、普洱以及临沧等茶产业较发达地区学习交流，开展茶山行活动，学习借鉴先进的古树茶园管理经验，取长补短。

（5）充分发挥乡农技站和茶叶协会的职能作用，从防治茶树病虫害、完善相关村规民约、提高茶树修枝技术等方面进一步筑牢古树茶园管理基础。

（6）乡党委、政府积极争取项目支持。如于2017年12月完成建设"健步亚诺古茶山"工程项目；在古树茶山建设民俗文化与品牌展示牌5块、标志碑3座、徒步栈道600米、观光凉亭2个；在亚诺村建立1家规范化茶叶初制所；通过改善茶山道路状况和生产条件，吸引更多的客人到亚诺古树茶山游玩。总结可复制的古树茶园可持续保护和利用开发模式，整体提高茶农经济收入，推动基诺古树茶形成种植、加工、旅游、健康养生等多产联动的示范产业。

（7）乡党委、政府始终坚持统筹在发展中进行保护。每年组织开展"攸乐贡茶文化节"，设置古树茶和生态茶分别评比赛制，每年评选出1名金奖、2名银奖、3名铜奖，全力打造"攸乐贡茶，世界共享，甜到心里"的好茶。

20世纪90年代中期，亚诺寨村民周布鲁就开始为外地茶商加工当地的普洱茶晒青原料。到了今天，周布鲁的表弟杰白，可算是亚诺寨新一代茶农的代表了。2006年，杰白开始加工普洱茶晒青毛茶出售给外地茶客、茶商。到2012年，他家接到的亚诺古树茶加工订单已达五六吨，几乎占了全寨古树茶年产量的一半。手工制茶经验丰富的杰白根据茶商的需求，2009年起就购入茶叶炒青机，逐步提高毛茶初制工艺，为客户提供优质晒青古树毛茶。正是得益于制茶工艺的改进，杰白家里加工的亚诺古树毛茶很受茶商的欢迎，接到的订单不断增加，杰白已成为亚诺寨新的制茶"第一人"。如今制茶厂房进一步扩大，他的生活也越来越好。

2.发展生态茶，就要加强茶园建设，推进绿色化发展

近年来，基诺族乡积极引进勐海陈升茶业有限公司、斗记茶业有限公司、龙象庄园等茶企业合作伙伴，目前，全乡辖区内有较大茶叶加工厂4个，茶叶专业合作社14个，茶叶初制所99个，茶叶初制点446个。基诺族乡共有茶叶面积28375亩，采摘面积28375亩，产量1392.93吨，产值约5571.72万元。其中，古树茶共4328亩，主要分布在亚诺、司土老寨、洛特老寨、小普希、洛科新寨、洛科大寨、司土小寨、么卓等村寨。

"授人以鱼不如授人以渔"，精准扶贫的最终目的不是帮着行，而是自己行自己强。为了培育新品种生态茶，基诺族乡抓住全省打造世界一流"绿色食品牌"的机遇，瞄准绿色、有机方向，加强监管，对茶园实行网格化责任制管理，首先是改良低效茶园，通过改良土壤、推广良种、完善设施、改善茶园环境等措施，提升茶园绿色生产能力。其次是改进种植管护方式，严禁施用化肥农药，大力推广茶园绿色防控技术，实现茶园绿色化生产。再次是依照茶园的地形地貌特点，在周围营造防护林和绿色保护屏障，茶园内配植遮阴树、套种优良树种，构建茶园绿色复合生态系统。最后是加大绿色实用技术培训，使专业合作社及茶农基本掌握绿色生产技术。

2014年，扎吕、洛科新寨、司土小寨组织3期茶叶管理技术培训，参训185人，并联合乡科技办，在巴亚村委会扎吕举行1期橡胶、茶叶管理技术培训，参训100人次，发放宣传材料500份。

2015年，为了提高茶农茶叶生产管理加工技术，大力推进生态茶园建设，增加茶农收入，政府又在新司土、巴亚、巴卡、迁玛4个村委会开展技术培训，培训内容主要有茶叶的种植、采摘、生态茶园建设管理、病虫草害防治、古茶树保护、茶叶初制加工等。由乡技术员、各村组部分干部、茶叶合作社、茶农代表和茶企骨干参加的茶叶生产技术培训，举办了5期，参训620人。次年，又引进市经济作物培训站、乡茶协会，在巴亚中寨、扎吕村民小组开展茶叶等内容的技术培训，举办了2期，参训215人。结合生态茶园建设，政府向洛科新寨村民小组发放3000株橄榄苗（余甘子），受益农户48户。另外，政府还向基诺山茶厂发放樱桃苗1000株。

2018年，基诺族乡购买拖拉机、茶叶揉捻机、茶叶修剪机等有国家购置补贴的农机具共31台（其中：茶叶揉捻机5台；茶叶修剪机8台；茶叶烘干机1台，

茶叶杀青机 7 台，天然橡胶初加工专用机械 10 台），涉及农户 12 户和专业合作社 1 个，总补贴资金 373200 元，其中，农户受益 2.52 万元，合作社受益 34.8 万元。

巴坡村自古就有种植茶叶的传统，但是过去的茶叶缺乏管理，产量低，缺乏加工技术，老百姓收益不多。巴坡村结合实际情况大力发展生态茶叶种植，目前，茶园面积达 2.8 万亩，采茶面积达 2.6 万亩，干毛茶总产量达千余吨。巴坡村的先切木腊经营茶叶生意，年收入超过 20 多万元；其长子在城里经营茶叶生意。生态茶叶成为基诺族人的"金叶子"。

3. 实施基诺族乡茶叶品牌战略，促进茶产业绿色发展

根据古茶树资源保护区、现代茶园分布所形成的特定地域、特有自然因素和人文因素等综合要素，基诺族乡积极申报、创建地理标志产品，打造好基诺山"亚诺、小普希、司土老寨、洛科大寨、洛特老寨"等茶山知名古茶树（园）基地，努力将古茶树（园）打造成基诺山高效益、有特色的茶产业名片。鼓励茶叶初制加工企业根据收购鲜叶产地、独特生产工艺、产品特征等形成初制茶品牌。鼓励企业与茶叶初制所、合作社、茶农建立紧密利益联结机制，把控原料来源、严格产品质量、加大产品创新、扩大市场销售，打造企业品牌。加强宣传和推介基诺山普洱茶公共品牌，支持各村委会打造一个区域品牌，严格规范管理和保护区域品牌。积极引导支持茶企参加国内外展会，举办不同形式的品鉴会和推介会，开展普洱茶文化知识巡讲，持续举办"攸乐贡茶中国行"活动，加大媒体宣传力度，扩大品牌影响力和知名度。

云南省军区整族帮扶基诺族，帮助基诺族乡发展村集体产业，投入帮扶资金 350 万元，建设巴亚村委会茶地村小组基诺族乡茶叶加工厂，建设茶叶初制加工车间和仓储车间，其中初制加工车间建设面积 554 平方米，仓储车间建设面积 340 平方米，可实现茶叶萎凋、杀青、揉捻、晾晒等工艺，鲜叶加工量可达到 200 千克 / 小时。车间全部采用现代化机械化的加工方式，减少人力，实现品质稳定。

由巴亚村委会与西双版纳金菩麟实业有限公司共同投资成立新公司进行运作，公司注册资金 865 万元，其中巴亚村委会出资 365 万元，占比 42.2%；金菩麟实业有限公司出资 500 万元，占比 57.8%。茶厂占地面积 8574.39 平方米，项目规划共分为两期：一期为建造 340 平方米的仓储车间和 554 平方米的初制加

深
山
走
出
脱
贫
路

云
南
人
口
较
少
民
族
脱
贫
发
展
之
路

工车间，可实现普洱茶萎凋、杀青、揉捻、晾晒等工艺，可达到每小时200公斤的鲜叶加工量，车间全部采用现代化机械化的加工方式，减少人力，稳定品质，仓储车间屋顶将配备太阳能光伏发电，实现绿色能源利用；二期工程将配备茶饮文化体验、民宿配套、餐饮服务，约投资400万元，是一个集普洱茶加工、仓储、茶饮文化体验、旅游参观、民宿配套、餐饮服务等为一体的综合性普洱茶厂。

基诺山茶厂的建设投用，将优先采购本地茶叶，给茶农带来直接经济收入，初步测算，光茶产业就能为百姓带来5倍的收入；在贫困村集体经济发展方面，采用固定分红模式，即不论公司盈亏，每年固定给予基诺族乡贫困村17万元，自2025年1月1日起，每年按所余利润的1%给予分红。项目的落地投产，不仅为村委会带来经济保障，拓展村级集体经济发展空间，更能完善村内基础设施建设，极大改善村民的生产生活条件、村容村貌及人居环境，提高农村公共事业服务水平，加深外界对民族文化的认识与了解，是加强党的先进性建设和执政能力建设、社会主义新农村建设和维护边疆民族团结稳定的有益尝试。

截至2020年上半年，基诺族乡种植茶叶的有38个村民小组，茶农1820户。茶树品种主要以云南大叶群体种为主，有大白茶、长叶白毫、云抗10号、云抗14号、矮丰、雪芽100号等无性系良种。全乡共有茶叶面积28410亩，采摘面积28410亩，产量1322.09吨。其中，古树茶主要分布在么卓、亚诺、司土老寨、司土小寨、小普希、洛科大寨、洛科新寨、洛特老寨等村寨，共4370亩，年干毛茶产量达130多吨，产值2300多万元。基诺山的生态茶享誉海内外，基诺山也成了响当当的金字招牌。

小普希村的产业发展见证了基诺族乡经济的腾飞。村民小组隶属巴来村委会，距乡政府16千米，海拔1320米，无水田种植，亦不适合种植橡胶。1983年，小普希村由10千米外的原址搬迁过来建寨后，由于四周都是国有林，无法进行产业开发，过去种植的茶叶因为品质不高，价格低廉，加上交通条件恶劣，全村15户居民都被列为建档立卡贫困户，贫困发生率100%，是基诺族乡唯一一个15户村民全部列入建档立卡贫困户的村寨。

拔穷根的关键还是在于产业兴旺，让农民的"钱袋子"鼓起来。小普希村如今的茶叶大户者扫说，过去小普希村虽然也种植茶叶，但是由于市场和品质等原因，在中华人民共和国成立之初，100克茶叶只能换一根绣花针。过去生活困苦，他的父亲、爷爷都过着刀耕火种的生活。2000年，者扫硬着头皮贷款4000元办了婚礼，分家时，一口煮饭锅、一口炒菜锅、一把水壶、三只碗，就是所有的家当。

2004 年，他到乡上的商店赊了一辆摩托车骑着卖茶叶，挣到钱后盖起了一座 70 平方米的木板石棉瓦房。

自从精准扶贫之后，各级党委政府和部门积极帮扶小普希村民产业发展，组织开展茶叶初制加工、橡胶管理、生态养蜂等技术培训 10 余次，发放鸡苗 2000 只、澳洲坚果苗 2000 株、杧果和柚子苗 1000 余株。2016 年，人均扶持资金 2875 元。2017 年，人均扶持资金 3000 元，并向 14 户村民发放 5 万元贴息贷款作为产业扶持资金。

村里决定利用资源优势，大力发展普洱茶，围绕"茶叶"打好产业增收牌。小普希 15 户村民共同制订公约，承诺建设"优质、生态、高效"茶园，把基诺族乡（攸乐）小普希建成中国最优质的普洱茶基地之一。运用科学方法管理茶园，做到不施肥、茶树放养、绿色防治病虫、人工除草、纯手工杀青、自然光晒。外来茶叶禁止流入本村寨，做到茶叶"流出不流进"，并将这些内容修订成文字形式，各家各户签字、按手印、上墙，村民一致遵守并认真执行，茶叶品质和产量大幅提升，在全乡 2015 年举办的"攸乐贡茶文化节"喜获金奖。茶的品质大幅提高，茶叶价格由 2014 年的 15~20 元 / 千克跃升至 2019 年的 110~140 元 / 千克。

2019 年末，全村有 15 户 64 人，生态茶园 600 余亩，古树茶园 100 余亩，橡胶种植面积 500 余亩，当前主要经济收入来源为生态茶产业，全村人均纯收入 14972 元。这两年，基诺古茶山的茶叶已经漂洋过海卖到了诸多国家和地区。

走进过去的建档立卡户者扫家中，庭院里就停放着一辆越野车，为了接待四面八方的茶商，率先脱贫致富的他在村里盖起了第一栋约 600 平方米钢筋混凝土的琉璃瓦顶楼房，内有 6 间标准客房和宽敞的茶室，用于接待外来茶商。2018 年，者扫除去所有成本和开支，他家的纯收入在 30 万元左右。他自豪地说："铁路通了后，来的人肯定越来越多。"[1] 如今小普希家家户户都住上了新房子，开上了小汽车，还是得益于产业发展。

---

[1] 中国新闻网云南频道 http://www.yn.chinanews.com/news/2019/0306/49690.html，访问日期：2021 年 3 月 18 日。

 基诺茶文化的茶旅融合

基诺族不仅种茶历史悠久，世代与茶相伴、以茶为生的基诺族还创造了独具特色的基诺族茶文化，将茶入菜入药，代表性的有基诺族凉拌茶、火罐茶、姜茶、汤竹筒茶、铁锅蒸茶等，还形成关于茶的神话传说、茶的礼俗等。

首先是"吃喝茶"的方式多种多样，各山寨至今还保留一些古朴、原始的敬茶、饮茶习俗，比如包烧茶、腊攸、竹筒茶。其中的"腊攸"，也被人们称为"凉拌茶"。基诺人一般在上山劳动休息的时候，就地取材，用随身带的砍刀砍下一节粗大的竹筒，一剖两半做容器，然后从旁边茶树上采几把新鲜的茶叶，用手揉碎后放入竹器中，取一点山泉水灌入，加入少许随身携带的盐巴、辣椒、大蒜等，搅拌均匀后食用，既可提神解渴，又可以下饭。而"竹筒茶"这种用当地生长的天然竹筒存储茶叶的方法也充分体现了基诺人善于利用自然资源的智慧。

基诺语称茶为"啦博"，"啦"是依靠，"博"是芽叶，其意就是赖以生存的芽叶。当地人对茶树的称呼有五种：一是"啦博阿则"——茶树；二是"啦博阿卜拉"——野茶树（野茶树又有高大与矮小两种）；三是"啦博则里"——老茶树；四是"啦博则嬷"——大母茶树；五是"接则"，"接"是钱，"则"是树，即摇钱树。这些称谓可以说明攸乐古茶的历史悠远与内涵丰富，也可说明攸乐——基诺人对茶树是何等重视。

以茶为生的亚诺寨在 12 天的农业大祭（"洛嬷洛"）中有全民性茶神祭，当日村民们不能出村，有许多"神圣"禁忌。暂停采茶期家家户户都拿着红公鸡去自家茶园祭一次茶树神，杀鸡后在园中最大的茶树干上涂三道鸡血并沾上鸡毛，然后在茶树干上打破鸡蛋，再把鸡蛋壳套在茶树干上，并念词祈丰收。巴亚寨茶神祭的方法是将年内积累的蛋壳套在每棵茶树的树枝上。茶树被雷击的户主要世代相传，在茶树发芽时节一年一度，杀黑色与白色小猪各一头、黑色与白色鸡各一只，在雷击处祭天神。在巴亚等 20 多个村寨的传说中，利用茶的技术是由创世祖先阿嬷腰白传授的，巴卡等几个阿哈支系的村寨则有孔明赠茶籽的传说，但在洛特、亚诺、司土、巴漂、巴坡、巴亚、巴卡等基诺古老村寨中，都有开村始祖种茶与古老茶园的史迹，而且基诺族祭祖先神灵的所有仪式中都离不开老干茶。

当然，基诺人不仅自己吃茶、喝茶，还早已学会了用山上的好茶与山下平

坝地带的傣族、汉族进行商品交换，获取急需的生活用品。有一首基诺族民歌《汉族阿哥你哪里来》这样唱道：

> 高大的汉族阿哥唉，你们从哪里来？
>
> 扎吕、扎果啊，我们走呀走过来。
>
> 泡核桃和糖果带来了吗？
>
> 基诺最好的鲜茶与你换……

基诺文化关于茶有着丰富多彩的人文资源，又有普洱茶六大茶山之首的汉文古籍记载的攸乐古茶名片，这一宝贵文化遗产——"攸乐古茶"，在知识经济时代的今天，也是价值难以估量的品牌。

由此，借助基诺族悠久丰富的茶文化，发展特色产业，打造基诺茶品牌，实现茶旅融合，吸纳村民就业，带动村民增收，助力精准脱贫，也是发展绿色经济产业、生态环保的致富之路。

发展特色产业，主打茶产业，依托基诺族乡特有的自然条件、历史基础，结合基诺族民族文化，进一步完善基础设施建设，目前基诺族乡的茶融合产业发展规划已经出台。计划开展古茶山保护、观光、普洱茶文化体验及品牌营销推广，全力打造中国基诺山普洱茶博物馆，充分体现"展示、交易、仓储、体验、科研、旅游"六大功能，使博物馆成为彰显基诺族悠久厚重茶文化和非遗传承展示的主阵地。优化招商引资环境，结合产业发展实际，鼓励采取内引外联、资源整合、股份合作等方式，打造一批产业龙头企业。鼓励支持各行业及茶企聚集茶产业、人文历史、休闲度假、观光体验、健康养生、文化宣传、美丽乡村建设等资源，打造一批茶特色村寨、美丽茶山、家庭农场、秀美茶园、茶休闲观光主题观光园等产业，促进茶产业与旅游、教育、文化等产业的深度融合。引导茶企在茶区建设茶体验场、茶产品展示购物店、茶文化吧等，传播普洱茶文化，拓展茶功能，延伸产业链，提高茶产业综合效益。扎实推进建设基诺风情特色小镇，推进1个基诺古茶山寨建设，以景洪城区为起点，以森林公园景区为承接，以古六大茶山之首的攸乐古茶山为中心，以亚诺古茶村为终点，建立"景洪城区—森林公园—基诺山寨—基诺集镇—亚诺村"的基诺古茶山经济发展带，为推进茶产业融合发展奠定基础。促进茶产业与医药、物流、大健康等产业融合发展，积极推动茶产业与涉茶行业深度融合。蓝图已经绘好，基诺茶产业未来可期。

65

来基诺山旅游必去的打卡点之一就是基诺民族风情园。这里植被茂密，鲜花常开，风景宜人，园区种植了石斛、红掌、吊兰等二三十种花花草草，让人耳

目一新。走进小楼，楼前是玛黑玛妞的塑像和阿嫫腰白创世的故事，后面干栏式的竹楼充满了基诺风情，在这里可以吃到特色的基诺族民族美食，品尝香气四溢的基诺茗茶。往深处走，就到了茶山和芬芳满溢的茶室，这里到处都是浓郁的基诺茶文化。可见主人钟情于基诺茶文化的情感，他们以茶创业的艰辛之路，也是万千基诺茶人的典型代表。

基诺民族风情园是哲波夫妻俩一手创办的。基诺族汉子哲波找了一个外地的汉族媳妇，返回基诺山的时候因为自家缺少土地，只能开始做生意。哲波的媳妇说："一开始我们在这里养猪、养鸡，然后开始搞服饰批发。在勐养那边做服饰批发做了七八年。1997年，基诺山的李书记跟我老公说，你们现在赚钱赚得差不多了，应该回基诺山为家乡人民作贡献。然后我们就回了基诺山来搞茶叶。巴飘、巴坡、巴垛这几个地方我们都建了茶厂，我们就专门收老百姓的鲜叶来加工。"

发展到1997年，他们在公路加油站旁边建了一个大厂。专门收购基诺山各地乡亲们的鲜叶，当时巴坡那边的道路不好，别说收鲜叶，村民上上下下走路都很困难，要绕到很远的地方。他们拿出一万多元帮助巴坡老百姓推开了路。基诺茶因为品质不好，卖不上价，建起大厂后，他们免费发给那些寨子老百姓茶籽，扶持老百姓种茶，然后收购老百姓种好的茶叶，一个地方每天可以收鲜叶一吨多，五六个地方差不多七八吨。每天都要把老百姓的新鲜叶子收过来，因为新鲜叶子是不能放的。那个时候又容易停电，厂里加工都加不完，但是即使这样，他们还是有多少收多少，一心想着多给村民一些收入。那时候巴坡、茨通老寨的村民也很清楚，厂里有时收来加工不完的鲜茶叶要丢掉，还是不会让它砸在老百姓手中。村民有什么活动都会邀请他们去参加，以表示感激。

到了2002年，夫妻俩去广州看市场。但是房租太贵了，每个月要一二十万元，他们觉得太贵，就回来了。后面深圳龙岗开始建立新市场要招商，可以免一年的租金。他们就说："好做就做，不好做就撤回来。"然后两人就在那边做批发，做了两年，花了60万元买了个门面，以茶叶销售为主，到现在也还在做，把茶叶销到了全国各地。

如今他们的民族茶厂年产量100多吨，一千克几十元，只要价位合适，老百姓拿过来都会收。在带动就业方面，厂里承包了五六百亩茶叶地，自己种好以后，就托给老百姓管理，村民又采摘鲜叶卖给厂里，单单自己的茶叶地就带动了

近100人，切实让村民受益，带动村民致富。如今他们的毛利润达到了1000多万元。

在创业和帮助茶农致富的过程中，有很多动人的故事。他们说，自己种茶所以特别能体谅茶农的艰辛。有时天晴了，有人帮老百姓们收茶，但一到夏季就接连下雨，茶不采就会坏，要持续地采。一些村寨里的小厂，天晴了他们就可以帮你收一点，多了他们就不要了。而哲波这里，不论下雨还是天晴，只要老百姓有，都全部收。他说，因为要给老百姓稳定的收入。

在收鲜叶时，有一户村民因为孩子开学没有钱，只好向哲波家借钱。他们只能用茶叶来抵钱。有些老百姓就说，其他人家都不会帮忙，只有哲波家会帮。而那时哲波虽然有厂房，但有时候也愁销路，曾经压了很多茶叶卖不出去。但无论如何，哲波还是会帮助村民。

哲波并不满足于只做茶生意。要提高茶的价值，他们就要让更多人懂得基诺族的茶文化，把基诺民族茶品牌打响。于是他们租下了途经基诺族乡镇政府公路旁最显眼的地方，开始搞基诺民族风情园，以茶文化为核心，把基诺山的饮食、茶叶做出去。他们有专门的茶菜谱，茶室里有民族茶艺展示，在后山开辟的茶地搞亲子活动，让小朋友体验采茶制茶，还有人免费讲解茶知识。

他们说："做这个风情园，不是为了赚钱，真的是宣传基诺族乡。书记他们说政府给你们什么资金扶持，我说我们不要政府扶持资金，我们从来也没有要过，只要政府给我们政策就行了。来的人多了，自然也就是对基诺茶文化的宣传。中央电视台、地方电视台也来这里做过节目，通过媒体宣传，把基诺的茶文化宣传出去。"今后他们还要做茶旅民宿，一方面带动当地人就业，另一方面持续深入地把基诺茶文化产业发展壮大。

旅游与消费扶贫

 旅游业的发展

旅游资源丰富的西双版纳州从 20 世纪 90 年代起作为全国最早开发旅游业的地区，率先实现了旅游促发展的成绩，从那时起，旅游业带动各产业飞速发展。老百姓也在旅游发展中实现了致富的心愿。

基诺族聚居的基诺山在被识别以前一直被蒙着一层神秘的面纱，不为外人所知。直到改革开放后，陆陆续续有游客进入基诺山。基诺山天赋异禀的自然资源优势，基诺族古朴而神秘的文化，吸引着外面的人。重峦叠嶂、群山环抱的基诺山森林覆盖率达 90% 以上，茂密的深山雨林是天然的气候调节器，全年温暖湿润，平均气温在 18~20℃，冬无严寒，夏无酷暑。但存在交通不便等因素，旅游开发较晚，且没有较大的旅游项目支撑。直至 2003 年，基诺山也仅组织过一些户外旅游、探险漂流活动，旅游开发仍处于起步阶段。专家通过风景资源评价，认为孔明山景区主要景源特色明显，在欣赏、休憩、科考价值等方面都具备一定的优势，动植物资源、生物多样性为主体的热带雨林自然景观资源和以基诺族为代表的民族文化、茶马古道蕴含的茶文化等人文资源具有强大的吸引力。特别适宜近年来人们所向往的亲近自然、深度体验型的旅游诉求。

西双版纳旅游趋热，促使偏远闭塞、贫穷落后的基诺族乡决定打开山门迎接游客。2006 年，国有企业云南省投资控股集团有限公司下属西双版纳金孔雀旅游文化有限公司在巴坡村开发旅游带动地方发展，打造基诺民族文化观光景区基诺山寨。基诺山寨于 2006 年 6 月 1 日正式开始接待游客参观游览。

基诺山寨处在基诺山绿荫苍翠的环抱中，热带雨林的自然风光十分迷人，而更吸引人的是，这里是全国唯一一个最全面、最集中展示中国第 56 个民族——基诺族文化的实景演艺体验地，是了解基诺文化最重要的窗口，现已被确定为西双版纳州基诺族传统文化保护区。基诺山寨景区以巴坡自然村寨为依托，将基诺族浓郁的民族风情、历史文化、神秘的原始宗教文化、古朴的生产生活方式、独具特色的基诺族民居、服饰及秀美的自然风光融于一体，展现给游客。

　　一些基诺族的文化人、歌舞能手被邀请加入景区艺术团。他们结束了外地打工创业的漂泊生涯，返乡支持基诺族的文化发展。有着丰富演出经验的陈建军，被邀请加入景区艺术团。他说："最能代表基诺族的就是大鼓舞。"陈建军想用气势恢宏的大鼓舞，向世人展示基诺族的风采。于是，他跑遍基诺族乡30多个村寨，学习大鼓舞传统动作，并将不同村寨的大鼓舞进行整合，使表演动作看起来更有节奏、更富美感。陈建军认为，发展旅游有助于宣介传承基诺族文化，"比如舞蹈、歌曲，风俗、习俗，都能集中在景区里向中外游客展示"。

　　基诺山寨还打造了《攸乐攸乐》实景演出，用带动文化体验的方法，"流动的自然舞台＋流动的欣赏"相结合的方式，向游客展示基诺族的砍刀布、酿酒、竹筒乐器"奇科"以及具有代表性的基诺族大鼓舞等，让参观者更深入地体验基诺族文化传统和精髓。

　　此外，景区依托巴坡等附近村寨，解决了大量附近村寨村民的就业问题。旅游经济给基诺族带来"真金白银"，景区员工多数是附近基诺族村民，能领到工资；不起眼的土特产，摇身一变成为旅游伴手礼；周边基诺族村寨也看到机会，纷纷开起客栈和餐厅。

云中的基诺山寨（摄影：徐何珊）

深山走出脱贫路 云南人口较少民族脱贫发展之路

基诺山寨景区（摄影：徐何珊）

　　基诺族的旅游初见成效，让外地人逐渐认识了基诺族，越来越多的游客走进了基诺山。但是仅仅依靠一个景区打造是不能支持基诺族脱贫致富的，在脱贫攻坚战中，基诺族开启了全域旅游、乡村旅游的脱贫致富之道。

　　云南作为旅游大省，在精准扶贫帮助贫困地区人口脱贫的思路中，旅游扶贫被作为重要的一条列入纲要。2017年，云南省人民政府办公厅发文关于加快产业扶贫的指导意见中，直接提到了实施"123518"旅游扶贫工程，建设1个全域旅游扶贫示范州、20个旅游扶贫示范县、30个旅游扶贫示范乡镇、500个特色旅游扶贫村，扶持1万户旅游扶贫示范户，带动80万以上贫困人口脱贫。统筹整合各级各类项目资金资源，大力实施旅游扶贫开发。鼓励农村集体与有实力的大户、企业、开发商采取股份联合的方式开发乡村旅游。加强乡村旅游资源保护开发利用，允许并鼓励城市居民与农民合伙开发乡村旅游，打造一批农家乐（渔家乐、森林人家）、农庄、民宿、精品客栈、观光休闲农业区、少数民族特色村镇等乡村旅游产品。

　　在《景洪市全面打赢"直过民族"脱贫攻坚战行动计划（2016—2020年）》中，旅游扶贫被作为一大亮点突出出来。基诺族乡深入贯彻党的十九大精神和习近平总书记关于扶贫工作的重要论述，扶持旅游文化，让文化旅游成为带动全乡经济发展的重要措施。基诺族乡成功举办"特懋克"庆典、"攸乐"贡茶产业可持续

发展研讨会等各类社会文化活动 30 余次；依托基诺民族文化博物馆，巴飘民族传统旅游村寨等特色旅游资源，利用建筑风貌、特色饮食文化、历史文化元素等多方宣传打造知名度，在推广旅游资源和旅游景区的同时，力争打造出"扶贫 + 文化 + 旅游"的品牌形象，助力精准扶贫。基诺族乡积极发展生态环境、民族文化、边境口岸、休闲养生等特色乡村旅游、民族团结示范乡（镇）村。规划重点打造 7 个民族团结示范村、特色旅游村（寨），培育 70 户特色农户。基诺族乡实施民族特色旅游村（寨）建设 5 个。

巴坡村距离基诺族乡政府 3 千米，景区基诺山寨就在巴坡辖区范围内，巴坡村民小组是江泽民同志曾经访问过的基诺族村寨。巴坡村景色优美，民族文化保存较好，居民现居住的房屋为基诺族传统式第三代建筑。这里是西双版纳州基诺族传统文化保护区，是了解基诺文化最重要的窗口。2005 年 5 月，乡里通过招商引资，打造以"攸乐·攸乐"为主题的传统歌舞实景演艺，完善景区内基础设施，构建了"景区—山寨—博物馆—民族风情园"同步四点一线的旅游专线，景区基诺山寨通过吸收巴坡村等附近基诺族村民参与企业管理，共同促进村寨和企业发展，走出一条"政府 + 企业 + 农户"文旅脱贫新路子。"下一步，计划将巴坡村打造为展示基诺族文化的集中体验地，实现对基诺族的文化旅游扶贫致富、非物质文化遗产保护传承与民族团结。"

巴坡村村民已经分享到了旅游产业发展的红利。巴坡村村民阿七说："我小时候，这里处于原始社会末期，以刀耕火种、采集狩猎为生，巴坡村当时全是茅草房，人们靠天吃饭，饥一顿饱一顿。没有什么外人，也更谈不上产业发展。现在村里富裕了，家家户户都住上大房子，有车开，有的做茶生意，有的做餐饮民宿，再不济的人也能在景区打工摆摊谋生。如今巴坡村成了名副其实的旅游致富村。"

截至 2015 年底，巴坡村村民参与基诺山寨旅游业的人数约为 160 人，占景区工作人员的三分之一，村民在园区内主要从事导游、实景演出演艺、环境维护、行政工作，公司招收巴坡村村民作为景区的演出人员、服务人员等，并且在基诺山寨内承包店铺，村民以经营热带水果、民族工艺品等方式参与旅游，村寨内靠近景区门口和景区内大舞台的店铺归属金孔雀公司，公司以 3500 元 / 月的价格租给个人，而在巴坡村和景区相邻处的摊位多属于个体户，这些个体户多数是本村寨内村民，公司欢迎村民免费摆摊，村民参与旅游的积极性较高。2018 年，巴坡寨实现人均纯收入 13300 元，高于全乡人均收入水平。巴坡寨的组长大切

布鲁说："现在国家对我们基诺族非常重视，我们今后会努力将我们基诺民族的风俗文化传承下去，展示给世人。"2020年7月9日，巴坡村入选第二批全国乡村旅游重点村名单。旅游业的发展壮大，还激发了巴坡人承包景区工程项目、自办茶叶加工作坊、经营住宿餐饮的积极性，进一步拓宽了村民脱贫致富的路径。

以巴坡村白腊先家为例，白家共有6口人，包括白腊先、妻子、大儿子、小儿子、小儿媳、小孙女。除了白老和小孙女，其他人都在景区内工作。白老的小儿子就在景区入口处租了一个水果铺卖水果，店面租金一个月3500元，月收入在30000元左右，刨去租金和工人工资净收入在15000~18000元；白老的小儿媳是景区内中层管理人员，月收入在3000~5000元；白老的妻子在景区通往村寨的平台处有工艺品摊位，无须租金，月收入在1500元左右；白老家有地约160亩，主要是种植橡胶、茶叶和水果，在未发展成景区前，橡胶、茶叶、水果都是自己种植，在发展成景区后，橡胶地已经外包，请外地的工人来收割橡胶，但是经营权和使用权还在自己手里。景区开发前白老家靠橡胶与茶叶维持生计，但是自从发展了旅游，白老家几乎不靠橡胶和茶叶维持生计。据他介绍，橡胶已经两年没有收割，茶叶也经常请外面的人免费采摘。以前靠橡胶收益每年能达到8万元左右，茶叶大概收益2万元，他身为基诺大鼓舞省级非物质文化遗产代表性传承人，每年国家补助5000元。而现在根据笔者调查，白老一家靠旅游带来的年收入达40万元左右。[①]

不仅是巴坡村，还有更多的村寨加入了乡村旅游的行列。基诺族乡原副书记张云曾在朋友圈分享"玩在巴坡，吃在巴飘，住在巴朵，游在村寨，美在基诺"。许多人纷纷点赞并评论说："还有我们亚诺村，还有我们小普希，还有我们扎吕……"

一个个偏远落后的村寨在精准扶贫之后脱胎换骨，成为人人向往的美丽富裕的乡愁之地。

亚诺村位于基诺山的最高处，被誉为"基诺第一寨"。亚诺村以古茶树而闻名遐迩。世代以茶为生的亚诺村至今仍保留着一片面积较大的混生古茶园，茶产业仍是这里的支柱型产业。靠茶吃茶的亚诺村一直致力于将茶产业发扬光大，

---

① 张怡：《"原真性"视角下西双版纳基诺山寨民俗旅游开发研究》，云南艺术学院硕士学位论文，2016年。

村民们每年都会在摘茶时节举办"老博啦"茶文化活动。亚诺村的村民以精彩的传统民俗歌舞表演，传达出村民的智慧与勤劳，以及村民对自然馈赠的感恩。

洛特老寨村位于基诺族乡东南部，2012年被列入具有重要保护价值的第一批中国传统村落名录，2013年被列为省级生态古村古寨重点保护"美丽乡村"之一。每年11月至次年2月是基诺族乡观看云海的最佳时间，秋冬的清晨，山顶、山间形成的云海十分壮观，每年都吸引不少旅游观光客、摄影爱好者到此驻足拍摄。

司土老寨位于基诺族乡西北部，走进寨子里看到古老的建筑，会让人有回到旧时代的错乱感，清朝雍正年间"攸乐同知"驻地，在此设攸乐同知府，在山上筑城，500名士兵把守当地优质茶叶，收购六大茶山的贡茶并收缴茶税。古茶园分布在山顶，也是老寨旧址所在地。山顶林木粗壮繁茂，犹如天然大氧吧。走进司土老寨村，可品攸乐贡茶，体验炒茶制茶，徒步穿越丛林，享受林间晚餐。每到假期就有户外徒步旅游者、探险爱好者及夏令营团队等到司土老寨体验和探索茶叶文化的乐趣。

乡村旅游已经成效显著，徒步旅游也在山中悄然兴起，"半山酒店"在紧锣密鼓地推进。未来，基诺山的旅游将大有可为。

巴坡村白蜡先与大鼓制作合作社（摄影：徐何珊）

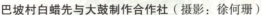

 特色消费扶贫

　　旅游业和特色农业都离不开消费，消费能切实给村民带来实惠。消费扶贫也是景洪扶贫的另一大特点。

　　景洪市制定方案坚决打通销售的终端环节。争取订单农业项目，开展消费扶贫，解决产业扶持农产品"卖不出去"的难题。新冠肺炎疫情期间，帮助贫困户销售百香果、咖啡、菠萝、蜂蜜等各类农产品。组织本土企业到上海和松江参展，组织基诺族乡积极开展"特呢朵"农产品展销活动。同时，开展好扶贫产品认定工作，助推扶贫产品销售。

　　消费市场是连接生产与消费的桥梁，是发展生产、扩大供应、保证消费、满足需要、实现再生产的必要条件，是沟通产销、调节供需、指导消费、提高消费水平和消费经济效果的重要杠杆。"特呢朵"是基诺族传统的赶集日，是基诺族对内和对外重要的消费市场。过去基诺族以物易物的方式，将山里收获的丰沛资源、自己制作的手工艺品及特色商品在特定的日子——"特呢朵"，与山下的傣族、汉族等各民族进行物资交换。"特呢朵"作为基诺族特色产品销售的重要渠道一直流传至今。而如今的"特呢朵"则为政府主办，更加规范，规模也更大，其对贫困人员的帮扶力度也十分有效。

"特呢朵"赶集（摄影：徐何珊）

基诺族乡于2015年4月19日起，每个月的第一和第三个周日，组织各村农户和商户，在基诺族乡集镇主干道及司土路两侧开展小型山货赶集活动。赶集日一早，基诺族乡人潮涌动，慕名而来的人们纷纷前来采购各种新鲜食材及山货，一睹基诺山"特呢朵"山货街风采。

"特呢朵"至今已开展了100余期，受疫情影响，2020年1月19日后停办将近5个月，正式恢复当天，共提供摊位400余个，全乡7个村委会都有村民到集市出摊，共吸引市民及游客超1万人，总销售额超12万元。新司土村洛特新寨村民阿三，在他的摊位前，围着一些前来购买小鸡杜果的人群。他高兴地告诉记者，为了能在山货街卖出货物增加收入，他特意提前一天进山采摘杜果，只为准备最新鲜的山货。阿三说："得知山货街要复市的消息后，我就拿了20多千克小鸡杜果和6挂小草蜂蜂蜜来卖，不到4小时就卖得差不多了，一共收入500多元钱。"小鸡杜果多长在山林里，树高大，果实小，采摘难度较大。但看着可观的收入，阿三觉得再辛苦也值得。①

村一品，致富增收。巴卡村委会致力打造柚子品牌，2019年举办了首届"银柚王"评比活动；巴亚村委会则致力于打造笋子品牌，2020年成功举办首届"笋街"赶摆及评比活动。2场活动帮助群众带来7万余元收入。

除"特呢朵"之外，基诺族还把"街子"搬到了景洪城里。2019年至2023年，基诺族乡共开展了2期生态产品展销会，将基诺山的生态产品带到景洪城销售，帮助农户创下15.4万元的销售总额。

产业兴则乡村兴，整族脱贫只是新的起点，基诺族人民正牢牢把握发展的好时机，干劲十足，如火如荼地建设着更好的基诺。

---

① 陈瑾：《基诺山"特呢朵"复市引爆人气》，西双版纳新闻网，2020年6月9日，https://www.xsbn.gov.cn/106.news.detail.dhtml?news_id=78942。

深山走出脱贫路

云南人口较少民族脱贫发展之路

从蛮荒到文明：
保护生态环境
建设美丽家园的主人翁

　　人类不是独立生存于世，与雨林为伴的基诺族更懂得这个道理。基诺族人心中的家园是一个山清水秀、鸟语花香、万物生长、充满生机和希望的地方，有着绚丽的色彩、淳朴的民风与深远的意境，如梦，如歌，令人向往。要拥有美好的家园，首先，就要保护人们赖以生存的自然环境，形成人与自然和谐相处的环境，营造美丽家园的美好环境。然后，在此基础上建起宜居的特色房屋、便利的设施、宽阔的道路、整洁的院落。清洁美丽的家园建设离不开基诺族人的双手和一点一滴的辛勤努力。

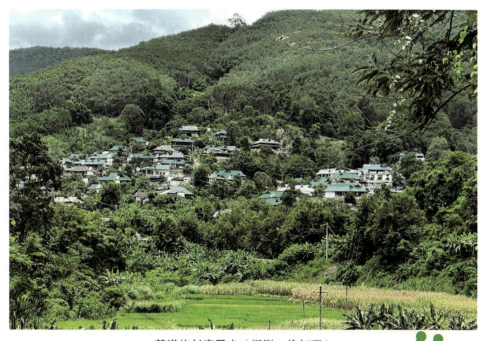

基诺族村寨风光（摄影：徐何珊）

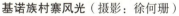

森林保护与生态治理

　　西双版纳自然保护区始建于 1958 年，是我国最早建立的保护区之一，总面积 57200 平方米。曾经大面积毁林开荒进行传统的粗放式生产，导致 1950—1979 年森林面积急剧减少，森林覆盖率锐减到 40% 左右，宝贵的热带动植物基因库岌岌可危。

　　西双版纳利用少数民族自治地方优势，制定了许多生态保护单行条例和变通条例，建设生态保护法律体系。通过禁捕、禁猎等措施，建设野生动物走廊，保护野生动物。结合国家野生动植物保护法等法律法规宣传，要求当地居民上缴猎枪等捕猎工具，开展大范围多渠道的生态环境保护宣传，并引导当地村民通过退耕还林建设公益林等方式修复雨林，使森林覆盖率再次提高。

　　党和国家深刻认识到保护自然的重要性，急功近利的发展会导致生态的严重破坏，可持续发展才是正确的出路。1979 年，我国通过了《环境保护法（试行）》，随之发展成为一个内容丰富、数量繁多、体系完备的环境资源法体系。建立了包括对大气、水、土地、森林、野生动物等的法律保护与管理制度。1980 年，云南省政府重新勘查调整了自然保护区范围，于 1987 年颁布了《云南省森林和野生动物类型自然保护区管理细则》，又于 1996 年在全国率先建立了云南省生物多样性保护委员会，为全省的环保和自然保护做了许多工作。党的十六届三中全会上，提出了科学发展观，科学发展观的基本要求是实现人的全面发展及生态资源环境的和谐发展。在党的十七大报告中首次提出生态文明概念。

　　2012 年，党的十八大首次把"美丽中国"作为生态文明建设的宏伟目标，把生态文明建设摆在了中国特色社会主义"五位一体"总体布局的战略位置。

　　"绿水青山就是金山银山"理念体现了生态系统论。生态是生物与环境构成的有机系统，彼此相互影响，相互制约，在一定时期处于相对稳定的动态平衡状态。人类只有与资源和环境相协调，和睦相处，才能更好地生存和发展，如古人所云："天地与我并生，而万物与我为一。"2013 年 11 月，习近平总书记在党的十八届三中全会作关于《中共中央关于全面深化改革若干重大问题的决定》的说明时，深刻揭示了这种"天人合一"的生态关系，他说："山水林田湖是一个生命共同体，人的命脉在田，田的命脉在水，水的命脉在山，山的命脉在

土，土的命脉在树。"由此使我们认识到，山、水、林、田、湖作为生态要素，与人存在极为密切的共生关系，共同组成了一个有机、有序的"生命共同体"，其中任何一个生态要素受到破坏，人类都难以生存和发展。

"绿水青山就是金山银山"理念体现了民生福祉理论和综合治理理论。习近平总书记多次强调，"环境治理是一个系统工程，必须作为重大民生实事紧紧抓在手上"，因为"良好生态环境是最公平的公共产品，是最普惠的民生福祉"。保护生态环境，关系最广大人民的根本利益，关系子孙后代的长远利益，关系中华民族伟大复兴的中国梦的实现。①

长期以来，西双版纳州致力于生态环境保护，坚持保护优先、生态优先，深入推进"生态立州"战略实施，坚定不移地走"保护生态环境、发展生态经济、弘扬生态文化、建设生态文明"的发展道路。通过努力，西双版纳州一直践行着"绿水青山就是金山银山"的发展理念，于2017年获得全国首批、云南首个国家生态文明建设示范州。强调生态保护，全力推进生态文明建设。通过优化完善生态保护红线，建成布局合理、功能完善的自然保护区体系，建立健全全面保护、系统恢复、用途管控、权责明确的天然林保护修复制度体系，继续推进生物多样性保护、跨境联合保护和森林资源调查监测评价，保持常态化打击破坏森林资源行为的高压态势，进一步保障生态屏障的安全和提升生态系统的功能。

生态补偿脱贫是精准扶贫"五个一批"中的重要一项。可见国家对生态的重要性放在与民生相同且二者相互依托的关系上。精准扶贫以来，西双版纳州加大生态扶贫力度，全力推进山区群众脱贫致富。

（1）设立生态护林员工作岗位，让贫困人口参加生态管护工作，实现在家门口脱贫。全州共选聘生态护林员890人，每年争取财政补助资金947万元。

（2）将退耕还林等重点生态建设项目向贫困地区、贫困户倾斜，支持群众发展特色林业产业。2014年以来，全州1973户建档立卡户实施新一轮退耕还林2.15万亩，争取项目资金3200余万元。

（3）通过生态保护补偿等政策增加转移性收入，迅速改善贫困群众的生产生活条件。西双版纳州区划国家级、省级公益林239万亩，每年向7667户建档

79

---

① 姚茜、景玥：《习近平擘画"绿水青山就是金山银山"：划定生态红线 推动绿色发展》，人民网－中国共产党新闻网，2017年6月5日。http://cpc.people.com.cn/n1/2017/0605/c164113-29316687.html。

立卡户发放生态补偿资金达 637 万元。

（4）围绕西双版纳州培育"六大生态经济产业"发展布局，建立产业龙头企业、新型经营主体与贫困人口的紧密利益联结机制，持续拓宽贫困人口增收渠道。

景洪市在《全面打赢"直过民族"脱贫攻坚战行动计划（2016—2020 年）》中明确提出生态修复工程。合理调整耕地保有量和基本农田保护面积指标，25 度以上的基本农田坡耕地，有条件的应退尽退，实施新一轮退耕还林还草。争取国家政策支持，优先在"直过民族"聚居区贫困家庭发展护林员。

基诺族乡一直紧抓生态不放松，建立了"生态立乡"的目标，加强生态环境保护，开展森林资源保护工程建设，新建防火隔离带、防火道路等基础设施；加强森林病虫害监测预警，病虫害防治率达到 85% 以上。推进胶园生态修复工程。完成林地保护和利用规划，开展水库、公路生态修复，加强入河排污口污染物限排总量控制和管理；开展林区专项整治行动，严厉打击各类破坏野生动植物资源的违法犯罪活动。

基诺族主要聚居在生态环境功能区，多属于禁止和限制开发区，贫困地区生态建设与产业发展并重。基诺族乡认真落实生态扶贫政策，拓宽贫困人口增收渠道，把绿色资源转化为帮扶效益。大力开展贫困地区生态保护修复，推进低产低效林提质增效工程，深化集体林权制度改革，增加重点生态功能区转移支付，扩大政策实施范围，让有劳动能力的贫困人口就地转成护林员等生态保护人员。基诺族乡拥有 51478.6 亩生态公益林（其中，省级生态公益林 45996.9 亩、国家级公益林 5481.7 亩）落实有效管护。共涉及 1 个村委会，33 个村民小组，签订合同（A）（B）及限伐协议书，每个责任区聘用一名管护员，国家、省级公益林共聘用了 10 名管护人员，护林员 36 名，其中，公益林护林员 10 名、天保护林员 6 名、长期护林员 10 名、建档立卡贫困户护林员 10 名。每位护林员按自身管辖范围及时巡山护林，汇报并制止破坏森林资源的各种行为，做好巡山记录，每月巡护不得少于 22 天，护林员日常工作为协助乡政府、林业部门做好森林防火宣传，并主动维护好各种宣传、保护等基础设施，做好预防工作。通过不定期进行护林员岗位培训，增强护林员岗位意识，为贫困地区可持续发展奠定了良好的生态基础。2016 年起，乡林业综合服务中心共聘用建档立卡贫困户护林员 46 人次，发放补助资金 41.28 万元。2016—2020 年，向建档立卡贫困户共发放退耕还林资金 28.59 万元，面积 2287 亩，涉及 239 户（累计）。

基诺族乡统计了 2013 年至 2019 年以来种植的珍贵树种资源成活率，调查统计结果显示，种植珍贵树种范围涉及 7 个村委会 46 个村民小组，种植的树种有降香黄檀、印度紫檀、香籽含笑、沉香、铁刀木、小叶桢楠、红椿、香樟、柚木、桃花心木、铁力木、山桂花、小叶紫檀、金丝楠木，共计 18809 株。在林业产业项目发展的统筹安排中，相关政策向贫困村倾斜，投入资金 147.9 万元为建档立卡贫困户发放杧果、坚果、柚子、珍贵用材、三丫果等树种 13.61 万株。通过特色种植开发，有效提高土地产业效益，进一步夯实农业基础，实现土地资源的合理配置，加快农业生态环境向良性化方向发展，为实现农业可持续发展奠定良好的基础。

在资源管理方面，基诺族乡加强法律法规、政策宣传，加大打击力度，加强对农村自用材管理，严格审批办证，严格木材流通管理，严格监督征占用林地，严肃查处毁林开荒、偷木盗木、乱砍滥伐和乱捕滥猎等行为，严厉打击不法分子。严格自用材、商品林采伐管理制度，严格控制森林采伐限额；积极推广农村能源建设节柴改灶项目，减少对原始森林的破坏，一切农村建房所需木材必须统一办理自用材采伐手续，按规定办理，由林业部门人员亲临采伐地进行认真调查，填写调查表并上报，监督采伐工作和伐后督促工作，落实采伐株数。禁止林下非法种植，抓实森林资源保护。2016—2020 年，兑现野生动物肇事补偿款 23.49 万元，面积 831 亩，涉及 384 户（累计）。

通过推进生态护林员、退耕还林、特色林业产业培育，加强资源环境的管理和节能减排，

基诺族乡参天古树
（摄影：徐何珊）

81

基诺山森林覆盖率恢复并保持在94%以上，成为名副其实的北回归线上的绿洲、天然的绿色氧吧、养生天堂，外地人闻名而来淘宝、养生度假、采集科研。人们爱护和保护自然，大自然也会回馈人们。

大红菌就是基诺雨林给基诺人民的礼物。2019年，基诺山共采摘大红菌11.77吨，价值706.2万元。茄玛村委会迁玛村民小组建档立卡户罗京军说，大红菌对自然环境的要求特别高，如果生态不好，大红菌就不会长。这些年，随着自然保护工作的加强，基诺山更绿了，大红菌更多了，自己靠采摘大红菌一个月就收入1.3万元。许多贫困户仅通过采摘大红菌，每年就可为家里获得1万~2万元的收入。每到基诺山货赶街日"特呢朵"，基诺族人背着各种稀有的热带雨林山货珍馐来交易，远近各地的人们纷纷慕名到基诺山赶集。除"特呢朵"之外，巴坡村还开展了笋子节。基诺山竹笋种类繁多，甜笋、苦笋、黄笋、臭笋、酸笋……各式各样，做成基诺特色菜肴，无论鲜食、生炒、烤制、煮汤，还是加工成腌笋、干笋、酱笋，其味均佳。各个村寨甚至还进行笋子评比大赛。除此之外，还有更多不知名的野菜珍馐，都是大自然的馈赠。

如今的基诺山名副其实就是令人心驰神往的绿水青山，保护生态便保护了经济命脉；走进基诺山，映入眼帘的一定是那天蓝、地净、水清、树绿的经典形象。基诺族人秉持像保护眼睛一样保护生态，像对待生命一般对待生态的生态发展观，那漫山遍野的绿色资源正回馈着基诺族的淳朴百姓，成为村民的"绿色银行"。

农村自然环境的提升

在各级党委、政府和各部门的关心支持下，通过广大干部和农民群众的共同努力，基诺族乡在自然生态保护建设方面取得了可喜成绩，但也看到在农村生态建设与环境保护中还存在着一些困难和问题。

党的十九届五中全会提出，农业农村优先发展，全面推进乡村振兴战略规划，农村人居环境的改善是乡村振兴战略的重要举措，事关建设新型工农城乡关系的落实，是实施乡村建设计划、深入推进农村改革落实、提高农村人居环境幸福指数的重要环节。目前我国基础设施建设、环保政策落实、城乡治理差距较大，东西部差距较大。基诺族聚居地区为偏远山区，山高谷深，居住分散，地理环境艰苦、

复杂，生态环境脆弱，农村地区基础设施建设更薄弱。

在精准扶贫之前，基诺族乡大部分农户的生产生活方式原始落后。在生活方面，人们采用柴火煮饭，仍沿用原始落后的三脚灶，村民对于环保的概念、垃圾处理、厕所处理及水污染、大气污染等方面缺乏现代知识。

在生产方面，虽然已经禁止狩猎，但是粗放的农业管理问题很多。①科技含量不高，单产较低，且病虫害防控体系不够健全，这些因素制约了当地农民稳定增收。对农民来说，"短、平、快"的技术项目更受欢迎，而那些保护资源、减少污染、培肥地力的技术则很难在生产中得到推广和应用。群众中"产品高价、资源低价、环境无价"的旧观念依然存在。②乡财政收入少，村委会、自然村无集体经济收入，支撑公益项目建设后劲不足。精准扶贫之前，全村7个村民小组的集体经济基本上为"空壳村"，无资金支援公益项目建设。目前，由于受到资金等因素的影响，基诺族乡的生态农业合作组织活动范围狭窄，多限于当地的信息沟通与技术交流，缺乏开拓市场的能力。科学环保的农业种植方式难以推行。

基诺族聚居区农业农村的粗放式管理，导致对自然环境产生影响，主要表现在农业污染方面。种植业项目可能产生的环境影响主要是使用化肥、农药、地膜等造成的面源污染和土壤盐碱化、沙化等，同时引进外来植物品种种植，可能对本地物种造成侵害；养殖业项目对环境影响主要是禽畜粪便排放导致水质和土壤受污染，养殖污水不经过无害化处理直接排放到沟渠或者开放水域里，极易造成水体富营养化，同时，牛、羊等草食动物大规模放养可能导致草场植被覆盖面积减小、水土流失等。聚居区内耕地坡度大，开发利用空间小，土地质量较差。境内水资源分布不均，水利工程设施不足，水资源承载能力弱。人口规模的持续增长使环境承载负荷加重，对生态环境容量带来较大压力。大量使用一次性用品、含磷洗衣粉，废旧物品被随意抛弃，焚烧秸秆等现象，对农村生态环境造成了一定影响。

绿水青山不仅仅指的是树木森林，还有人们日常居住的自然环境。当周围的土壤、水源、空气等因人们日常生产生活行为而被破坏时，将会受到自然的惩罚，人们也难以安居乐业。

针对这些环境问题和不良影响，基诺族乡树立起"产业发展生态化、生态建设产业化"的理念。

 开展思想教育

引导基诺群众形成环保意识，严格执行环境保护法，提高环境保护监管水平，完善以预防为主的环境影响评价制度与环境风险管理制度。采取以"践行节能低碳，建设美丽家园""安全生产、节能环保"为主题以及紧扣加快生态文明建设为主线的宣传活动。在基诺族乡太阳广场、道路两边、农村张贴宣传标语、悬挂宣传横幅，向过往的群众及务工人员散发安全生产知识及节能环保知识宣传单，广泛宣传《中华人民共和国安全生产法》《农村环境保护知识》《公民环保行为规范》《中华人民共和国可再生能源法》等相关法律法规。扩大节能宣传范围，从城市走向农村，向广大的村民宣传节能技巧、节能知识，让更多的人了解节能、重视节能环保，并通过规章制度约束和教育基诺族群众形成环保行为规范。广泛宣传爱国卫生"7+2"专项行动，提高群众爱护环境的意识，改善基诺族乡环境脏、乱、差的状况，努力营造干净、文明、良好的人居环境。

2016年11月，基诺族乡拟定了人居环境整治细化实施方案，并成立治理领导小组，同时通过会议、横幅、标语、电子屏等多种形式，宣传"人居环境治理人人参与"的重要性。12月初，全乡人居环境提升治理工作全面展开，乡内随处可见干部职工、党员群众清扫街道的身影。截至2023年，基诺族乡集中在进乡各主干道沿线开展打扫和清运垃圾活动5次，出动劳力600多人次对重点区域进行了彻底清理整治，组织各村在各自负责区域清扫4次，参与群众达800多人次。宣传和活动逐渐培养了基诺人民的环保和卫生意识。基诺族乡组织单位职工、党员干部、民兵群众积极投身乡村环境卫生整治行动，在全乡掀起了参与城乡人居环境整治的热潮。

2018年，基诺族乡以"洁、净、清、治"四举措聚力攻坚农村人居环境，取得了显著成效。

一"洁"。依托"爱国卫生运动"，基诺族乡党委政府每周一、周四两天组织全体机关事业单位干部职工分别清扫办公楼周边环境以及责任片区，开展环境卫生清洁活动。在乡党委班子成员的带领下，各党员干部职工不畏泥泞，不怕脏，发扬实干精神，埋头苦干，有的用火钳把深埋在草丛中的白色垃圾捡起，有的对老鼠栖息地及蚊虫滋生地进行了深度清理，有的用扫帚把路边的树叶扫除，

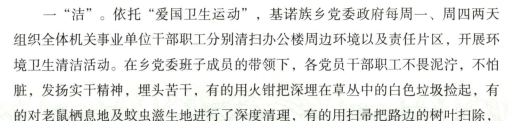

基诺大鼓奏响幸福声

有的用锋利的砍刀修剪着花圃里的树木，有的奋力地用锄头除草，以自己的绵薄之力打造美丽基诺。

二"净"。以"主题党日＋志愿者"活动为契机，结合党员活动日，基诺族乡每月10日、20日和30日，开展"保护母亲河·提升人居环境·共建美丽基诺""美化家园"等环境洁净系列活动，通过净河道、净滩涂、净田野、净村寨等，以实际行动践行党员志愿者服务宗旨，为美丽基诺贡献力量。

三"清"。新司土村委会么卓村民小组和巴亚村委会茶地村民小组分别开展"清洁家园"系列活动，深入推进"美丽基诺·美化家园"人居环境整治工作。么卓村民小组积极响应乡党委政府提升人居环境的号召，于4月中旬和5月初开展"提升人居环境　我们在行动"的卫生大扫除活动，组织村里26名妇女及18名党员干部清扫道路、清理沟渠、清洁房前屋后，争做提升城乡人居环境的践行者。5月7日，以五四青年节为契机，茶地村团支部组织21名团员青年统一收集焚烧生活垃圾，在"村史馆"绿化带上播撒花籽，同时也在团员们心中种下了一棵绿苗。

四"治"。2018年以来，基诺族乡党委政府依次深入洛特、巴卡、茄玛、巴亚、新司土、司土、巴来7个村委会，通过实地查看、听取汇报、座谈交流等形式开展环境整治工作。就整治工作，乡党委政府要求，一要创新理念，统筹推进农村环境整治工作；二要进一步理清思路，创新方式，不断丰富农村环境整治工作内涵；三要着眼一流，推进农村环境整治工作深入开展；四要强化责任，进一步完善整治长效机制。农村环境整治是一项全民参与的工程，重点在"治"，实质在"做"，要进一步强化责任落实、健全工作制度、拓展工作内涵，着重抓治理，同时充分调动各方力量的积极性和主动性，发扬实干精神，以实际行动实现"美丽基诺"的愿景。

2020年以来，基诺族乡结合爱国卫生"7个专项行动"和美丽乡村建设，进一步巩固农村人居环境整治效果，以"五新"，即发展新产业、建设新村寨、过上新生活、形成新环境、实现新发展为标准，在全乡7个村中推行全面提升农村环境面貌整治工作，并设立"美丽宜居乡村建设红黑榜"，每月评选一次，按分数高低排序，前10名为"红榜"，后5名为"黑榜"，对评选进入"美丽宜居乡村建设红黑榜"的村小组，在微信公众号上进行通报，上"黑榜"的村小组限期一个星期完成整改，让村民从意识根源上树立卫生健康理念、养成良好生活习惯。

85

经过开展爱国卫生"7个专项行动"、美丽乡村建设等活动，调动群众参与提升人居环境整治的积极性，鼓励先进、鞭策后进，从思想根源上树立村民的卫生意识，彻底治理农村的脏乱差，深入推进农村提升人居环境工作，群众精神面貌焕然一新。

 农业生产环境保护

加强农业资源养护，统筹山水林田水草治理。坚持农业面源污染防治，实施农业绿色发展重大行动。推进耕地土壤污染详查，加强耕地土壤与农产品协同监测，开展耕地土壤环境质量类别划分和重金属污染区耕地修复治理试点，分区域分品种进行受污染耕地安全利用示范，扩大轮作休耕制度试点规模，不断提升耕地质量。推进畜禽粪污、农作物秸秆、废旧农膜、病死畜禽等农业废弃物资源化利用。结合"两违"行为专项清理整治工作，对不符合村庄规划，侵占基本农田，改变土地利用属性进行违规建设的情况进行大力整治。基诺族乡村民以农产品种植为主，在人居环境治理中认真抓好田园清洁工作，农膜回收率高达85%，种植面积17477.6亩，秸秆用作饲料1%，用于燃料1%，用作其他13%；秸秆还田率占85%。水稻面积4922亩，秸秆还田率占80.1%，用作其他18.9%，未利用1%，在农业生产环境方面有了较大改善。

在产业发展项目技术方面采取相应措施，积极推广科技生态农业建设。种植类项目重点控制化肥、农药、地膜的使用造成的面源污染，实施测土配方施肥、施有机肥，走绿色生态种植业道路。养殖类项目坚持"综合利用和资源化、无害化和减量化"的原则，做好项目的选址工作，并合理规划养殖规模，完善养殖场污染防治设施，推广使用高效、低毒、广谱的消毒药物，完善畜禽废渣、粪便综合利用方案和措施。项目设计尽量避开生态环境保护区域，严禁超计划占用土地和破坏植被。服务业项目严格执行卫生许可证制度，注重服务网点建设的选址，加大生活污水、废物排放的监管力度，完善雨污分流等排放设施，提倡节能减排，低碳环保的产业模式。

 保护农村生活环境，减少污染

农村节能工作主要以解决农民生活用能、清洁农村卫生、保护生态环境为

目标，以沼气建设、节柴改灶、推广太阳能为重点。积极发展农村新能源推广运用，走特色环保节能之路，使农村可再生能源得到充分利用，巩固生态建设成果。2013年，基诺山茶厂为了降低能源消耗，把以往烧煤的锅炉全部改造成了用电的蒸汽机，极大地减少了空气污染。

降低农村居民用电价格，实施节柴节煤灶及以电代柴1000户，对贫困户购置电炊器具进行补助。选择部分村寨推行节能灶，共对23个村民小组1200户进行节能改灶，完成投资46.68万元，受益群众7867人。

持续推进厕所革命工作。基诺族乡紧紧围绕"小厕所、大民生"的理念，以"改变群众生活习惯、提升群众生活品质、补齐厕所卫生短板"为目标，把"厕所革命"作为乡村振兴战略的基础工程和造福百姓的民心工程。基诺族乡于2020年底实现所有行政村715座公厕全覆盖，并持续推进农村无害化卫生户厕改建工作。

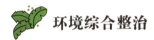 **环境综合整治**

加强主要污染物总量减排；严格饮用水水源保护区划分与管理，实施水源地环境整治、恢复和建设工程；集中整治存在突出环境问题的村庄和集镇，重点治理农村土壤和饮用水水源地污染；坚持"在发展中保护，在保护中发展"，积极探索代价小、效益好、排放低、可持续的环境保护路子。加大生态环境监测能力建设，实施州、县级环境监测站建设及改造项目和村庄环境整治工程项目、饮用水水源地保护项目。实施乡（镇）污水处理工程1个，乡（镇）垃圾处理工程2个，村庄环境整治工程119个。通过污水处理工程和农村环境整治，农村居住环境不断改善，生态建设成果得到不断巩固，生态文明建设得到进一步加强。

基诺族乡污水处理厂建于2012年，占地面积为900平方米，建筑面积450平方米，氧化塘用铁丝网合围，污水管网长1500米。景洪市住房和城乡建设局预计在基诺族乡新建一座污水处理厂，采取PPP的运营管理模式。2017年，人居环境治理省级资金中全乡有16个村组计划建设简易氧化塘一座，目前，已完成全部16个村组的简易氧化池建设，投用后，村寨生活污水收集治理覆盖率大幅提升，极大提升了村寨的生活、环境水平。

实施水源林保护工程。市环保局投入8万元，在基诺族乡集镇区饮用水水源内实施保护，设立了一块中型水源林保护牌，保护范围4342亩，设立了20

个保护界桩，并制定了保护措施，保障了集镇区和周围部分村寨饮水安全。控制农村黑臭水体，实施生态河湖建设行动，落实河长制，推进农村水环境综合整治，开展河湖连通和疏浚清淤，基本消除农村黑臭水体。

2017 年，新建垃圾中转站 1 座，共投资 147.1 万元，日处理垃圾能力 8 吨，能够满足集乡及集乡周边村寨的生活垃圾收集转运处置需求。2020 年 3 月起，将新司土村委会 5 个村组及巴坡村共 6 个村组纳入集镇统一清运范围，6 个村组共设置了 55 个垃圾桶，平均 2~3 天清运一次，6 个村每天约产生生活垃圾 3 吨。全乡其余未纳入清运路线的 40 个自然村，每个自然村均建有 1 个及以上垃圾池，不定期对村庄垃圾进行转运、填埋及焚烧。所有行政村均已建立保洁、收费制度。非正规垃圾点已全部完成清理整治。

通过着力治理农村生活污染，推行绿色生态种养模式，不断降低农业污染等一系列措施，以清洁能源的推广利用为重点，以村庄整治、新农村建设为抓手，推进农村生态环境整治以及资源的保护与合理开发。如今的基诺族乡已是漫山翠绿，不论是乡道还是村里，都是鸟语花香，洁净整齐，农田里碧绿一片，河水清澈明亮，处处展现着人与自然和谐相处的动人图景。

整洁的巴飘村寨（摄影：徐何珊）

 ## 基础设施的完善

　　走进基诺族乡，一条条宽阔平坦的水泥路延伸至每村每户，一栋栋白墙青瓦的民居整齐划一，一座座文化广场功能完善，一道道亮丽的新农村景观映入眼帘。

　　"这样的场景放到5年前，想都不敢想。曾经有这样的玩笑话，来我们村是一个屁股进来，四个屁股出去，晴天一身灰，雨天一身泥。通过几年的发展，交通改善了，环境变好了，来旅游的人也越来越多。"提起这几年村里的变化，基诺族乡茄玛村党总支书记切周感慨万千。

　　茄玛村委会迁玛村小组就是基诺族乡众多寨子的真实写照，过去基诺山寨子与寨子之间隔着深山老林，交通非常不方便。迁玛村距离乡镇约21千米，可就是这21千米的泥泞土路阻断了迁玛百姓致富奔小康的可能。也正是因为交通不便，迁玛村成了基诺族乡最偏远最贫困的村子。迁玛村是基诺族乡种植百香果较早的村子，每到百香果成熟季节，放眼望去，全是连片的"红灯笼"与"绿灯笼"，走近一看，原来是百香果长藤上挂满了诱人的百香果，初出的翠绿，逐渐变红，最后就是熟透了的紫色。这些令人垂涎欲滴的百香果是村民忙碌一年的成果，可百香果收获季节也是令村民最为焦灼的雨季，21千米的路程村民需要折腾一两天才能把百香果运到乡镇集市上，在搬运过程中，百香果在颠簸的土路上磕磕碰碰，运到了好多已经坏了。一旦遇到大暴雨，村民就更愁了，拖拉机陷入泥潭里出不来，一车的百香果拉不到集市上去卖，只能一车一车倾倒在路旁，眼看所有的劳动成果付诸东流。道路成了制约村民脱贫致富的最大拦路虎。

　　在"两山"扶贫开发时期，利用扶贫项目、扶持人口较少民族发展资金等项目，集中开展进村道路硬化、村内道路硬化、连户路硬化、群众院落硬化等工作，有效解决了群众脱贫致富的后顾之忧，为实施精准扶贫奠定了良好基础。但是仍有一些村寨如迁玛村道路没有硬化，村内还是泥泞不堪。

　　要想富，先修路，路不好直接制约了山地民族的发展。人民的产业发展需要基础设施，美丽乡村的建设也需要基础设施。精准扶贫以来，国家对基础设施建设的扶持力度进一步增强。景洪市在《全面打赢"直过民族"扶贫攻坚战行动

方案（2016—2020年）》中明确提出了农村道路建设、农田水利设施建设、农村电网改造、通信网络建设这四个方面的基础设施建设要大力推进。农村道路建设，要求全面实施建制村通硬化路工程，推进"直过民族"聚居区20户以上村（寨）通硬化路。实施乡村道路建设4.4千米，村组道路建设96.4千米，易地搬迁安置点道路建设14千米。农田水利设施建设，要求实施饮水安全巩固提升工程6项，全部解决易地搬迁安置人口饮水安全问题。实施土地整治2470亩。农村电网改造，要求继续加大农村电网改造升级力度，提升电网供电能力和质量，实现动力电入行政村，满足农村生产、生活用电需求。农村电网改造升级2件，易地搬迁安置点电网建设工程7件。通信网络建设，要求实施光网改造，完善电信服务补偿机制，加强农村信息基础设施建设和宽带普及，分类分阶段推进宽带网络向行政村和自然村延伸，实现行政村、搬迁新村光纤全覆盖，行政村4G网络和光纤宽带网络全覆盖。新建农村互联网基础设施建设3个村。

基诺族乡下狠心，要坚决彻底改善基础设施缺失之痛。2016年至2020年，全乡共完成公路硬化工程18条144.06千米，共计投资14100.427万元。投入1252.52万元新建小黑江大桥1座；投入555.73万元完成安全生命防护工程5条76.6千米；投入125.93万元完成5.58千米的窄路基加宽1条；确保乡到建档

毛娥老寨公路扶贫前（左）后（右）对比（供图：基诺族乡政府）

立卡贫困行政村通硬化道路的危险路段有必要的防护措施。实现通行政村公路100%硬化，通组道路硬化率达86.96%。通过集中开展进村道路硬化、村内道路硬化、连户路硬化、群众院落硬化等工作，有效解决了群众脱贫致富的后顾之忧，为实施精准扶贫奠定了良好基础。

2014—2023年，基诺族乡投入合计1964.04万元，共完成16个取水坝、13个过滤池、18个蓄水池、3个沉淀池、104.5千米主管（外线）、14.4千米分管（内线）、153户过滤器、24间设备房、3个水库除险加固工程、1个乡机关水厂净化池的维修改造、1个水沟坍塌修复、1个集镇供水项目工程新建及修缮，做到全乡安全饮水有保障。打基础，利长远。精准扶贫，就是要从人民最迫切需要解决的地方入手，而基础设施建设事关民生，是提升百姓幸福指数的关键一招。"水是生命之源"，走进基诺山的村村寨寨，每一户家门口都通了自来水，6个村小组153户安装了过滤器，修建了26间设备房及安装净水器，新建及维修管线110730米，不仅让村民喝上了水，还喝上了干净、安全、水质有保障的放心水。

基础设施完善的扎吕村（摄影：徐何珊）

91

确保每个行政村有标准化卫生室，行政投入 100.3 万元完成行政村卫生室 4 个修缮、1 个新建工程，如今 6 个行政村有标准化卫生室（1 个由乡卫生院覆盖）；确保每个行政村有综合活动场所；进行电力农网升级改造及广播、宽带网络升级，确保村内通 10 千伏以上动力电，贫困户家通生产生活用电，广播电视信号覆盖率达到 99% 以上，网络宽带覆盖到村委会、学校和卫生室。46 个村民小组均已实现"五通"，45 个村民小组实现垃圾集中处理。

精准扶贫就是要精准直击群众的需求，同时激发群众参与积极性。为此，基诺族乡开展了"万吨水泥进农村"项目，共申

走向富裕的迁玛村
（摄影：徐何珊）

领水泥 450 吨，涉及 7 个村委会 30 个村民小组 252 户农户（其中，建档立卡贫困户 33 户），实施过程中共撬动资金 73.16 万元，发动群众投工投劳 2364 人次，折合资金 30.43 万元；群众自筹砂石 2653.49 立方米，折合资金 38.95 万元；群众自筹水泥 25.2 吨，折合资金 1.45 万元；验收完成村内道路及串户路硬化 8333.54 平方米、庭院地板硬化 8841.98 平方米、排水沟 395.3 米、挡墙 167.52 平方米，另有少量化粪池、胶池、花池、户厕、围墙等，实现了农村人居环境大提升、大改善，有效助推了脱贫攻坚工作。"万吨水泥进农村"激发了大家共建美好家园的劲头。以前村内道路未硬化，不仅不美观，还存在安全隐患。现在大部分贫困户家中庭院、排水沟得以硬化，一条条干净整洁的串户路连接着家家户户，不仅村子的"颜值"提高了，人民群众的幸福感和获得感也在进一步提升，基层组织的战斗堡垒作用不断显现。

2016 年 8 月，耗资 1519.02 万元总长 20.27 千米的四级公路硬化通车，茄玛村从此告别了"晴天一身灰，雨天一身泥"的历史，农民人均纯收入从 2013 年

的 5290 元增长到 2018 年的 8231 元。2021 年，迁玛村村民小组从最偏远贫困的村寨摇身一变，被列为景洪市民族团结进步示范村。项目投资 100 万元，中央专项资金 100 万元，其中，基础设施建设投入 76 万元，示范户创建投入 5000 元，建示范碑及宣传栏投入 2.5 万元，发展村级产业投入 20 万元。2021 年 2 月确定项目实施方案，同年 6 月开工，9 月竣工。

项目建设包括基础设施建设、示范户创建、示范碑及宣传栏的创建、发展村集体经济和项目管理费。其中，基础设施建设包括挡土墙 413.6 平方米，新建太阳能路灯 9 盏、长 1500 米的村内排污管道、氧化池 24 平方米、公厕 1 座、基诺族特色房屋改造建设 32 户、项目示范碑 1 座及新建宣传栏 1 个；创建民族团结进步示范户 5 户，每户补助 1000 元；为发展壮大村集体经济，在基诺族乡集镇投资建设集小吃、百货副食为一体的小吃楼获取租金收益，小吃楼由村里 6 户建档立卡户经营，保障稳定的收入来源。

从坑洼的泥路到平坦的水泥道路，从杂草丛生到姹紫嫣红，从破旧茅屋到特色居民房……一座座小楼拔地而起，一条条道路宽阔畅通，一辆辆汽车穿梭寨子，村民的生活蒸蒸日上。家家户户在墙壁上彩绘了幸福的生活，美化的庭院用一盆盆绿植装饰，体现了村民对美好生活的热爱。崭新的茄玛村凝聚了迁玛人的心血，筑起了美丽的家园和幸福的生活。

 人居环境与美丽家园的建设

山青了，水秀了，路畅通了，高品质生态环境为家园建设打下了坚实的基础。美丽的家园还需要自己亲手去营造。"有房才有家"，对于基诺族群众而言，精准扶贫对自家改变最直观的就是住上了安全稳固的新楼房。

针对直过民族的安居问题，景洪市开启了安居工程。对生存条件恶劣、生态重点保护、地质灾害隐患严重地区的农村贫困人口实施易地搬迁，扶持产业发展与群众就业创业，改善基础设施和公共服务，确保搬得出、稳得住、有事做、能致富。对住房条件恶劣的居民，实行危房改造和抗震安居工程，逐步消除贫困村无房户、危房户，全部消除农村 D 级危房。解决贫困群众住房差、人畜混居等问题，确保贫困户都能住上人畜分离、体现地域特点和民族特色、安全适用的新房。实施农村五保户集中安置、集中供养。探索乡村公租房建设方式，分类分

批解决无建房自筹能力特困户的住房问题。

景洪市为确保"危房不住人，住人无危房"住房安全目标，累计投入建设资金 1.73 亿元，完成农村危房改造 7713 户，其中，4 类重点对象 2976 户（建档立卡贫困户 1809 户），非 4 类重点对象 3354 户，一般农户 1383 户。完成危房拆除 3349 户，贴挂农村住房等级标识牌 48851 户。为加快"非 4 类重点对象"农村危房改造工作，制定《景洪市非 4 类重点对象农村危房改造贷款实施方案》《景洪市非 4 类重点对象农村危房改造贷款发放指导意见》，为全市非建档立卡户提供"最高额度 5 万元、最长期限 5 年、政府贴息补助 3 年"的危房改造贷款政策，共 197 户完成贷款发放 793 万元。全力完成易地扶贫搬迁，累计投入资金 5201.39 万元。通过积分奖励机制激发贫困户内生动力，积极参与环境卫生整治活动，逐步养成良好的生活习惯，提升生活质量及农村人居环境。

根据景洪市住房和城乡建设局的相关文件要求，结合基诺族乡实际情况，对经济困难的农村危房改造对象进行验收合格后，根据中央财政补助的形式，2015 年，共完成 2014 年危房改造指标户数 150 户。按照补助标准的困难级别，其中有 13 户享受到 3.2 万元的补助标准；有 14 户享受到 1.7 万元的补助标准；有 123 户享受到 1.2 万元的补助标准。

美丽的小普希村（摄影：徐何珊）

2017 年 5 月，基诺族乡协同昆明平皓房屋鉴定公司专家组成员，完成了对 46 个村子 4 类人员（建档立卡户、低保户、贫困残疾户、农村分散供养特困户）住房情况认定。同年 12 月，对非 4 类人员住房情况进行了逐一排查，认定房屋等级，为下一步危房改造提供准确的基础数据。危房改造我单位实行分片管理，负责收集危房改造资料、工程进度，同时针对全乡危房改造户进行质量检查，检查过程中发现不按要求重建或加固的，一律进行整改，始终把工程质量作为重中之重来抓，定期或不定期地对危房改造进行督查，确保工程进度和质量。自 2017 年危房改造开始至 2020 年，全乡共完成 4 类人员住房改造 267 户，非 4 类人员住房改造 301 户，共投入资金 1478.74 万元，全面解决贫困人口住房安全问题。至此基诺族人住上了安全舒适的住房，群众获得感、幸福感不断提升。

茶地村小组建档立卡户切腰在危房改造之前居住在四周用简易木板搭建、屋顶为石棉瓦拼凑的"伙房"中，无窗户，屋内常年不见光，一片黑黢黢，屋内地板全是"原汁原味"的黄土。2017 年危房改造工作开始，财政补贴 5 万元为切腰建盖了一栋安全稳固的新住房，屋内终于有了久违的光照。对于他而言，危房改造不仅是房屋的改变，更是他崭新生活的开启。

仅仅是安全舒适的房屋还不够，党的十八大提出"提高社会主义新农村建设水平，开展农村人居环境整治，加大传统村落民居和历史文化名村名镇保护力度，建设美丽宜居乡村"。2016 年，景洪市举办了"美丽宜居村庄规划建设与管理"培训。

基诺族乡着力提升村容村貌，按照结构稳固、富有特色、厨卫入户、人畜分离的安居房建设要求和村内水、电、路、绿化和亮化等配套设施建设标准，46 个村寨的村庄面貌、群众面貌焕然一新。新建的乡村建筑将民族特色与时代特征相结合，建成具有浓郁民族特色风格的小别墅，村庄随处可见绿色的植物，道路两旁鲜花盛开，路面干净整洁。

基诺族乡积极开展"洁美人家"助力脱贫攻坚活动，积极引导建档立卡贫困家庭，转变生产生活方式，养成良好生活习惯，打造整洁宜居的环境，充分发动各村妇联主席带领妇女每周开展志愿服务活动——清理清扫各村寨卫生，扎吕、小普希和巴卡老寨等示范村成效显著，评比整洁美丽的家庭并授予"最美宜居家庭"名牌。为进一步调动村民的积极性，使他们逐步养成良好的生活习惯，采取积分奖励机制激发贫困户内生动力，开展"爱心超市"评比活动。制定《基诺族乡"爱心超市"建设工作实施方案（试行）》，目前基诺族乡共设 5 个"爱

95

心超市"兑换点（乡级 1 个、村级 4 个流动点），通过积分奖励机制激发贫困户内生动力，积极参与环境卫生整治活动，让农村居住环境得到较大改善。

2021 年，小普希村被列为"美丽乡村"创建示范村，小普希村立即召开全村创建工作动员大会，共同谋划创建目标和规划思路。根据本村实际，小普希村制定了"村庄秀美，环境优美，生活甜美，民富村美人和谐"的美丽乡村创建目标，对全村进行科学合理规划，努力把全村打造成民居有特色、环境优美、产业发展、文化繁荣的特色村。村庄从原有道路提升、村庄环境优化、庭院景观美化、经营业态引导四个方面着手，采用部分改善、轻度改造、中度改造三种模式，打造最美基诺族村落。

在创建工作中，小普希村努力抓好建设与发展两大重点，做到环境、产业、文化建设同步，实现绿色、富裕、和谐并举。

一抓基础设施建设。近年来全村新农村建设大步迈进，实施了新农村整治等一系列项目，基本完成了道路硬化、路灯亮化、村庄绿化、环境净化等基础设施建设，村庄面貌出现显著的变化，受到了群众的肯定。

二抓民族文化资源培育。小普希美丽乡村建设采用文创艺术改造方式，在恢复基诺族风貌的同时，运用文创化的艺术改造手法，围绕野象、雨林、昆虫、

小普希村绿植装点的家园 （摄影：徐何珊）

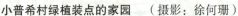

砍刀布 4 个主题进行创作，将村落打造为富有民族特色的旅游风情地。在建设中，村里积极挖掘和培育本村优秀传统文化资源，同时成立村舞蹈队，丰富了村民的业余文化生活，提高了村民的生活质量。

全村认真学习《基诺族乡农村垃圾治理 15 条（暂行）》，经小普希村民主大会通过，建立了一系列长效机制，小普希村每家每户与村小组签订了"门前三包"协议，将责任区纳入村规民约，每家每户也积极认真地开展"洁美人家""十星级文明户"创建等行动，清洁每一个卫生死角，齐心整理柴房、厨房、卧室等日常起居室，大伙把口号付诸实践，致力于建设美丽生态小普希，为进一步深化提升人居环境奠定了坚实的基础。同时小普希村还确定了"整体规划、区块建设、分段实施"的创建工作思路。通过会议，让村民充分认识到他们才是创建工作的主体，全村干部群众都要行动起来，共同投入创建工作中，把小普希打造成最美乡村。全村共投工投劳 200 余人次对村内宣传栏和集市进行改造。

通过"美丽乡村"创建工作，一方面，全村村民的思想发生了改变，生活方式进一步改善，文明向上的村风明显改观。另一方面，通过基础设施建设和环境整治，村容村貌大为改变，生活环境明显改善，资源得到有效利用，产业结构更加合理，村民和谐幸福指数显著提高。原始的茅草、竹子、木材等材料还保留着基诺族干栏式房屋建筑的原貌，一幅幅墙体彩绘充分展现着基诺民族文化特色与西双版纳热带雨林魅力。

深山走出脱贫路

云南人口较少民族脱贫发展之路

从苦难到幸福：实现美好生活的追梦人

基诺族在解放时，是一个处于原始家庭公社向阶级社会过渡中的民族，长期生活在原始森林中，依托于自然，以猎物为肉，以野菜为蔬，生病依靠巫医草医，文化靠口耳相传，记事靠削竹刻木，仅仅满足于果腹，族人的民生和发展无从谈起。

在脱贫攻坚阶段，面对基诺族的贫困问题，其中重要的一个方面就是民生问题，基础设施薄弱，居住环境恶劣，生活水平低。绝大多数村民受教育程度较低，医疗卫生、教育设施条件差，成为致贫、返贫的原因之一。不愁吃、不愁穿，住安居房、喝放心水，上得了学，看得起病，基本实现家里有余粮，手头有余钱，是基诺族人的心愿。

 ## 社会保障利民生

习近平总书记说，在扶贫的路上，不能落下一个贫困家庭，丢下一个贫困群众，"两不愁三保障"脱贫的民生问题是脱贫的基本要求。民生是人民幸福之基、社会和谐之本。就像要想富先修路一样，民生也是民族发展的根本。改善民生就是要让老百姓有依靠，有保障，生活水平得到显著提高。

在社会保障事业方面，景洪市针对《全面打赢"直过民族"脱贫攻坚战行动计划（2016—2020年）》提出落实农村最低生活保障制度、五保供养制度和临时救助制度，实现"直过民族"聚居区贫困群众户户有社保。推进扶贫线和低保线"两线合一"，对丧失劳动能力的农村贫困人口或残疾人，实行应保尽保，通过社会保障，实施政策性托底脱贫。加强社会管理，完善社区设施条件。新建村级社区服务站24个，完成直播卫星户户通工程137户。

通过对基诺族实施安居工程，解决贫困户落后的人居环境，改善贫困户水、电、路、气、房等生产生活条件，明显改变村容村貌。积极组织开展劳务输出，

促进农村劳动力向非农产业和城镇转移，优化调整农业结构，持续促进农户增收，同时，通过"走出去"，使贫困户开阔了眼界，解放了思想，掌握了致富本领，返乡后不仅为贫困地区经济发展带来大量的资金，还能成为带动当地经济发展的能人。

对于贫困人口中完全或部分丧失劳动能力的人，实施社会保障兜底，加大其他形式的社会救助力度。加强医疗保险和医疗救助，新型农村合作医疗和大病保险政策对贫困人口倾斜，全乡55户163人实现社会兜底脱贫。建档立卡户实现基本医保、大病保险、养老保险参保全覆盖。积极动员社会力量进行帮扶，帮扶资金共计16.35万元，用于基础设施建设、改善贫困户生产生活条件、开展新型职业农民培育（种植专业技能）班、村集体经济林管护，实现政府、企业、社会组织协同推进的工作格局，实现社会力量帮扶全覆盖、政府工作帮扶常态化。

木腊切是巴亚村委会巴亚中寨建档立卡贫困户。2013年符合纳入条件，成为村里的建档立卡贫困户，木腊切的母亲自1993年患脑梗后就一直瘫痪在床，多年以来全靠木腊切的精心照料。母亲由于身患重病，大小便要依靠旁人协助，就这样，木腊切为母亲端屎端尿，昼夜侍奉。虽然木腊切是村里有名的孝子，无论寒暑，对母亲照顾无微不至，但也难掩经济上的困乏。家中有长期卧病的母亲，膝下有嗷嗷待哺的孩子，他作为家中的劳动力分身乏术，仅凭自己的力量难以顾得全家人的保障。村里的领导了解情况之后，积极帮助他办理社会保障，依照扶贫政策，建档立卡户实现基本医保、大病保险、养老保险参保全覆盖，极大地缓解了他的困难。2017年他顺利脱贫。

2019年，他的妻子刚刚生育，木腊切是家中唯一的劳动力，一个人需要养活家中大小五张嘴。但是有了保险兜底的他，不再犯难。他还能腾出时间和精力积极谋求更多出路，原本只从事茶叶加工的木腊切开始多产业发展，在收茶季做好茶叶的收购，诚信经营建立了一些稳定的购销渠道；在产业不足的情况下与基地老板沟通承包割胶，获得分成增加收入。别人夸他依靠自己的肩膀扛起了家庭重任，他却说，这都要感谢政府的政策好，社会保障兜底让他有了信心和奋斗的勇气。

依托提升基础设施，五网建设、危房改造等安居工程，基诺族的居住物质条件有了巨大的提升。但是要想真正脱贫，还要在就业上下功夫。遵照习近平总书记"一人就业、全家脱贫，增加就业是最有效最直接的脱贫方式，长期坚持还

可以有效解决贫困代际传递问题"的重要论述,就业问题是基诺族未来发展的出路。

就此,景洪市协同多部门,积极开展职业技能培训。力争对没有劳动能力的"直过民族"开展1次以上技能培训,让每个有适龄劳动人口的"直过民族"贫困家庭至少有1名技能劳动者就业。到2020年,共开展农村劳动力职业技能培训2656人次。围绕"直过民族"聚居区产业发展,对45岁以上的"直过民族"人口开展农村实用技术免费培训,确保贫困户户均至少有1人掌握实用技术。

景洪市大力抓劳动力转移培训及劳务输出。依托定点培训机构,提升转移一批"直过民族"劳动力实现异地就业。积极实施"走出去"战略,强化"直过民族"与外部交流融合,促进贫困群众更加积极主动参与脱贫攻坚。依托定点培训机构,利用劳动力市场需求信息,开展订单培训、定点培训、定向输送等培训。开发更加适合"直过民族"就业的岗位,搭建供需就业平台,下大力气抓好"直过民族"劳动力就近就地就业及异地就业,以增加工资性收入,实现劳务输出脱贫。

基诺族乡根据《景洪市人民政府办公室关于下达2019年农村劳动力培训和新增转移就业任务的通知》(景政办发〔2019〕85号)要求,认真开展农村劳动力培训及转移就业工作。截至2020年,基诺族乡638人建档立卡户中16~65周岁人员有440人,有劳动力或半劳动力382人。所有劳动力人员均接受过有政策性补贴的培训,其中116人通过转移就业获得工资性收入,在省外就业3人,县外省内就业10人,县内乡外就业38人,乡内就业65人。充分运用各种帮扶手段鼓励劳动力外出转移就业,促进就地就近就业。协调乡内基建等工程项目、茶叶采摘、割胶等用工方多雇用乡内有劳动能力贫困户,帮助6人做到就近务工。共安置公益性岗位42个,其中护林员12人,乡村公益性服务岗位10人,乡村公益性服务特岗15人,沪滇劳务协作乡村公共服务性岗位5人,农村劳动力转移就业116人。

安居、乐业,这是社会主义制度的优势,是中国共产党为人民的初心。基诺族在党和政府的帮助下,实现了人民生活安定美满,幸福安康。

 健康扶贫发展医疗卫生事业

　　基诺山第一个卫生所于 1955 年建立，当时共有 4 名卫生工作人员，包括一名从基诺族中培养的民族卫生工作人员，名为学且。当时的医疗条件十分有限，只能进行简单的草医、消炎等，一定程度上改变了基诺族乡缺医少药的困境。1959 年，培养了农村初级卫生工作人员 65 名，其中接生员 26 人，卫生人员 32 人，老一代草医 17 人。结束了基诺族过去妇女在家自行分娩的落后方式，向文明前进了一大步。资艳萍是土生土长的基诺族乡人，她见证了基诺山医疗卫生事业的巨变。她说，过去卫生所的医疗器械就只有听诊器还有体温计，当时是北京医疗队驻扎在卫生院时才能做结扎手术。像她外公外婆这一代人，他们一直生孩子，有的生了 10 多个孩子，就是缺乏一定的节育措施。她记得好多外公外婆这一代的老人因为生育太多，子宫下垂。自从北京医疗队来支援以后就开始做结扎手术，情况才开始有所改善。慢慢也开始培养本地的赤脚医生。工作队来基诺族乡后，带来了一些医生，也培养了本地的卫生员，做西医和本地地方性知识的草药的结合，主要是在防治肝病、防控传染病、接骨等方面。

　　1995 年，资艳萍从西双版纳州卫生学校毕业被分配到景洪市基诺族乡，从事计生卫生工作。当时的基诺族乡卫生院有职工 17 人，在职职工中，卫生技术人员 13 人，占 76.5%。其中主治医生 1 人，医师 3 人，医（药、护）士 9 人，后勤人员 4 人；基诺族卫生技术人员 7 人，占 53.8%。下属 7 个村工作的卫生员有 14 个。看病只靠一个听诊器和一个压舌板，主要进行简单的普通病医治、疟疾等流行病防治、妇幼保健和健康教育工作。卫生院采取不交钱不允许住院的措施，医疗报销也十分局限。

　　资艳萍说："两山"扶贫时期，基诺族乡每个村委会都建起了卫生室。当时乡里缺医生。我们当时培养的村医毕竟是半路出家的，所以服务还是不够。老百姓感冒了，还要远远地跑到我们乡卫生院来。那时候路不好走，下雨天是出不来的，晴天还可以出来。那个时候的医疗条件确实不可想象。

　　2003 年前后，如果有急性传染病，其实是相当严重的，不是好事。我们就背着药下乡，发一发药，给他们吊盐水。有的是整个寨子都发病了。我们背着抗疫药和输液瓶走村串户。哪一个村委会暴发得严重，我们就直接拿给他们，同时

还发一些糖丸，我们是下乡去发的，要从一个寨子走到另一个寨子。

那个时候老百姓对这些还有一点不接受，像我们发药，他们开始是拒绝的，要费很多口舌才会接受。我记得我和一个老医生下乡，当时也是发糖丸，从巴来小寨走到巴奎，要等老百姓干活收工回来才见得着面。你不可能去地里去找他们，他们收工晚，我们就等到收工。等该发的发完，天都黑了，我们还跑去另外一个寨子，在乌黑的晚上走夜路，连手电筒都没有，路过一片坟墓，很吓人，就迷路了，我们就在那里转啊转啊，但就是转不出去。我们两个女的那天直接被吓哭了，然后慢慢找路转出去，去到另外一个寨子已经是将近晚上10点了。我们只能住在卫生室里，等到第二天继续给老百姓发药。

基诺卫生院要负责基诺山基诺族乡辖区内7个村委会46个自然村14300人口的基本医疗和基本公共卫生服务工作，同时，还要完成市卫健局和上级主管部门交办的其他工作任务。经过扶贫开发，在党和政府的大力支持下，基诺族乡医疗卫生事业发生了质的飞跃。基诺卫生院有了翻天覆地的变化。现有业务用房2幢，分别为门诊楼和住院楼，总建筑面积2139.4平方米，门诊楼建于2001年9月，住院楼于2012年12月开建，2015年6月启用。

据2019年统计，卫生院现有职工65人，核定编制数17人，实际在编数18人（含市医院编制1人，勐罕中心卫生院编制1人，嘎洒卫生院柔性流动1人），聘用人员47人。其中卫生专业技术人员57人、管理人员1人，财务人员3人，后勤人员4人。专业技术人员中主治医师2人，执业医师4人，执业助理医师6人，住院医师规范化培训2人，无资质医生5人；全院护理专业33人，其中从事管理岗2人，党政办公室2人，临床16人，公卫11人，药剂1人，超声1人，取得中级职称3人，护师5人，无资质8人；检验人员3人，药师3人，放射技师1人。

目前，科室设置有内儿科、妇产科、中傣医科、预防保健科（公共卫生科）、全科门诊、急诊室、药剂科、检验科、放射科、超声科、财务科、党政办等科室。

医院主要医疗设备有DR、美国GE公司彩超1台、便携式彩超1台、除颤仪1台、呼吸机1台、平板式心电图机3台、全自动血球分析仪、全自动生化分析仪、电解质分析仪、风湿四项分析仪、尿液分析仪、微量元素快速分析仪、低速离心机、电热恒温水浴箱、洗胃机、光谱治疗仪、中频电治疗仪、心电监护仪、显微镜、阴道镜、中药熏蒸治疗机、煎药机、颈腰椎治疗多功能牵引床、若干电子针疗仪、若干特定电磁波（TDP）治疗器、红外线治疗仪、若干紫外线消毒灯

等主要设备，达到标准化卫生院基本设备配置，并配有 120 救护车，提供院外出诊急救及危重患者转诊服务。

健康扶贫是脱贫攻坚战中的一场重要战役，因病返贫、因病致贫是扶贫硬骨头的主攻方向。健康扶贫以来，基诺族乡全面落实《医疗保障扶贫三年行动实施方案（2018—2020 年）》《云南省健康扶贫 30 条措施》，实现全市贫困人口家庭医生签约、参加城乡居民基本医保和大病保险全覆盖。分别就建档立卡贫困人口的医保救助政策、贫困人口参加基本医保个人缴费部分财政补贴、政府兜底保障长效机制，针对农村建档立卡贫困人口建立了"基本医疗保险 + 大病保险 + 医疗救助 + 政府兜底保障"四重保障体系，为解决农村贫困人口因病致贫、因病返贫问题提供了政策保障。2019 年，全年在基诺族乡卫生院住院的建档立卡贫困户先诊疗后付费的有 130 人，总金额 26 万元，其中医保报销 24.2 万元，大病理赔 0.043 万元，兜底保障 0.043 万元，自付 1.68 万元。

基诺族乡的村卫生室建设不断加强，全乡共有 7 个行政村，均有标准化卫生室。选派配备 9 名村医参加村医服务能力提升培训班并均已取得乡村医生资格证，做到建档立卡贫困户基本医疗保险、医疗补充保险实现全覆盖，建档立卡贫困户家庭医生签约服务实现 100%，贫困人口慢性病签约服务和健康管理实现全覆盖，让村里的每一个建档立卡贫困户都看得起病，享受到党和政府的阳光雨露。乡亲们基本实现了"头疼脑热不出村、小病不出乡"。

群众对疾病和医疗知晓情况十分关键。过去一些村民对医院有畏惧心理，怕看不起病或者治不好病，往往被动地在家挨病，也不去医院就诊。

资艳萍说："当时的基诺族群众没有医疗卫生常识，我们还好是本地人，就用少数民族的语言进行说教，他们还是很抵触，因为那个时候没有电视、手机，不像现在信息这么发达，他们对各种疾病的防治也好，预防也好，基本没有什么常识。我们医护人员就一点点走村串户地宣传科普，如今已经消除了麻风症。除此之外，我们还宣传基本公共卫生，老年人常见病，还有糖尿病、高血压、重症精神病、肺结核，还有孕产妇的管理、儿童的管理、中医的服务，我们都是一直在做，这几年像健康教育这块也要求我们每个村委会都有宣传的阵地，专门科普我们的这些常见病多发病，还有一些慢性病的科学知识。如今基诺族乡专门配备了一些健康教育的专岗，我说的所有项目都有一个项目负责人在推进，方便逐步提升群众的健康素养。"

基诺族乡通过人员宣讲、发放宣传单、微信公众号、电子屏滚动播放等多

种形式加强对健康扶贫政策措施宣传。2019年全年组织卫生院工作人员对全乡建档立卡贫困户入户2次，组织乡机关、站所及各村委会干部、村医开展健康扶贫知识培训3次，借助节日、赶集日的契机开展大型健康扶贫宣传活动3次，全年共计享受健康扶贫政策宣讲6000人，共发放健康扶贫宣传单5326份、手册4652份，粘贴墙报810张，让基诺族群众广泛知晓，排除疑虑，享受国家的健康扶贫政策。

与此同时，对照国家卫生健康委确定的45个重点病种，48个次要病种，23类29种大病，2019年建档立卡户中，患重点疾病和次要疾病共100人，其中，26类32种大病28人，慢病签约56人，其他慢病16人，其他疾病13人，共计患病113人。符合慢病签约患者100%享受签约服务。深入推进家庭医生签约服务，全乡建档立卡贫困户638人完成家庭医生签约637人，未签约1人为精神分裂症患者，目前正在并将长期住院治疗，签约率99.84%；计划生育特殊家庭签约12人，签约率100%。

通过提升公共医疗卫生基础设施和公共服务体系建设，让贫困户和广大基诺族群众少生病、方便看病、看得起病。

如今资艳萍已经成为卫生院的副院长，她深刻感受到乡村医疗卫生人才不足，缺乏业务熟练、经验丰富的中坚骨干；缺少运送标本的冷链设备，直接影响化验结果；受编制所限，卫生院因业务需要只能外聘人员，聘用人员的工资和

新建的迁玛卫生室（供图：基诺族乡政府）

"五险一金"占用了全院业务收入的绝大部分；医院整体实力弱、人员待遇低，造成引人留人难等问题依然突出。她作为全国人大代表、全国政协委员，特别关注贫困地区的医疗卫生问题，为乡村的医疗健康发声，她建议在乡村振兴战略实施中出台更多的好政策，科学核增基层卫生院人员编制，引导鼓励上级的专业公卫医师下沉到基层，参与基本公共卫生服务、家庭医生签约服务等工作，促进医防融合，提升乡村卫生健康服务能力，让乡村卫生健康服务更"接地气"。

 发展教育培养人才

 从有学上到上好学

作为没有文字的民族，基诺族在历史发展的过程中，曾受其他民族的歧视和压迫，他们躲在山上很少与外界交往。到了民国年间，统治当局曾在巴亚寨办过1所学校，有2名教师，但因只有2名学生而无法办学。1953年自治区（州）人民政府成立后，立即着手恢复和重建学校。1956年，青年教师李其庆、程和锦、李明洋等首批被派到基诺山办学。经过积极发动群众，分别在巴亚寨和巴卡寨建起了2所小学，不久又在巴来建起了1所小学。3个寨子3名老师，一人一校，成为基诺山最早的学校，170名儿童走进学校，成为第一代基诺族学生。1957年基诺洛克文化站建立后，州政府在基诺山建立了基诺洛克中心小学，委派杨世德同志组建并担任校长，同时派其妻子樊宗兰到该学校任教，樊宗兰是基诺山的第一位女教师，随后又派了两位教师去任教。1960年，基诺山小学发展到9所，在校生800多人。1962年，基诺族乡有了首届高小毕业生19人。1981年，基诺族乡开办了一所全寄宿制民族小学，边远村寨的儿童均有了入学的机会。1983年，基诺族乡设立了一所初级中学。1996年，基诺族乡通过普及九年义务教育验收。1998年，基本完成全民扫盲工作。到2003年，基诺族乡已有43所小学，1所初级中学，适龄儿童入学率达99.9%，毕业率为97.02%。基诺族乡成为整个西双版纳州最早普及义务教育的民族乡。

脱贫攻坚以来，景洪市实施强化义务教育保障，加大控辍保学力度，全市建档立卡贫困学生无一人失学、辍学。全年补助建档立卡贫困学生2769人

926.66万元，"雨露计划"对贫困村初、高中毕业后未能升学，有培训和就业愿望的贫困家庭学生实行100%的职业技能培训，并积极推荐就业，确保贫困户户均有1人接受职业教育或技能培训。建档立卡贫困家庭在校学生除享受其他政策外，学前教育年生均补助1000元，普通高中教育阶段年生均补助2500元，高等教育阶段年生均补助5000元，对义务教育阶段贫困家庭寄宿学生予以生活补助。在义务教育初中阶段3年渗透职业教育，直接推荐到中等职业学校相关专业就读，实施中等职业教育"注册入学"和"考试入学"并举录取方式，提高学生报到率，初、高中毕业生中等职业教育全免费。

吃过不懂文化的亏，基诺族更加重视文化教育。在脱贫攻坚战役中，基诺族乡全面开展文化扶贫工程，营造"教育为本、教育优先"的教育氛围。2018—2019年，共投入教育补助资金402.98万元，新建学校、改善贫困山区学校办学条件，加大基础设施投入。基诺族乡中心小学建设200米环形塑胶田径场、篮球场，总投资300余万元，申请省级400万资金治理学校边坡、滑坡自然灾害，极大地改善了贫困山区学校的办学条件。开展"千名教师进万家"大走访活动，35名教职工共走访80名学生，其中建档立卡户学生23人，通过对全校贫困生进行登记造册、发放教育扶持政策明白卡等方式，多措并举，齐抓共管，控辍保

景洪市基诺民族小学（摄影：徐何珊）

学工作成效显著，确保适龄儿童无辍学，小学、初中入学率均为 100%。

　　张云正是在基诺山成长起来的基诺族乡干部。他于 1970 年生于巴卡老寨。据他回忆，小时候的生活到现在记忆犹新，那时村里穷，住的房子是吊脚茅草房，四周墙是用竹子围合而成，房顶是茅草，地板也是用竹子铺成的，坐在地板上缝隙还会夹到屁股。多亏了生产队带着群众开垦了农田，种出了山谷，教会了基诺族人种植技术，在他小时候已经能够吃饱饭；但生活还是十分艰苦，村里的孩子从小就跟着父母一起劳动，开垦农田用水牛犁地，秋收稻谷脱壳没有电，是用人力碓窝舂米。在那个时候，他就在心里种下了深深的信念，要拼命读书，要走出大山。只有依靠知识改变命运，才能摆脱这日复一日面朝黄土背朝天的生活。

　　当时张云在巴卡老寨读一师一校的村小，读完四年级，就要等到基诺族乡凑够一批学生到乡里读五年级。直到 13 岁，他才到乡里读民族小学。

　　1983 年，张云走出了村里，来到基诺族乡读书，他说这是他生命中非常难忘的时刻，经历了无数个"第一次"：第一次穿上了鞋子，靠走路走到了乡里。到了乡里看到什么都是新鲜的，第一次见米线米干，之前在村里只能吃旱谷、

景洪市基诺民族小学的学生　（供图：基诺族乡政府）

红薯、玉米、黄瓜以及各种山上的野果野菜。那时候觉得街上的米干太好吃了。也是到了中心小学才第一次接触人们说的汉语，自己才开口说汉语，之前除了在书本上根本没有听人讲过普通话。

1984年，他到基诺族乡新建的中学读初中。当时初中住校住的仍然是茅草房，学校每周安排劳动课，组织学生们去挖地基。在乡政府附近河道抬石头，修垒挡墙和路基，建起了混凝土的楼房教学楼。毕业后，他想往更高处走，到景洪去继续深造。那时家里没有钱，父亲去村社借了114元钱，交到他手中，让他去景洪投奔亲戚补习继续读书。从基诺族乡到景洪要搭从勐腊到景洪途经基诺族乡的车，等车都要等3天，再搭4小时的车到景洪，交通非常不方便。

1991年，张云从景洪民族师范学院毕业，到亚诺村当村小教师，当时正逢云南省省定半寄宿制，变村小为完小，建立集中办学点。他带领六年级的学生（有些已经十五六岁）建屋造房改造了32间房子，扩建成亚诺完小。当时学校的条件非常差，没有水，要自己拉水管，建水池、建厕所。在村小并不只是自己做自己的专业，要代各科各门的课程。办学条件匮乏，教学质量低下。

如今，基诺族乡的基诺族孩子同样就读于基诺小学，但现在的基诺小学占地22425平方米，教学楼2410平方米，建有标准校舍2栋，食堂面积1285平方米，标准篮球场若干；在吃的方面，菜品丰富有营养，还有国家的营养餐补助。基诺族乡的教育已经有了翻天覆地的改变。

张云说，基诺族本来人口就不多，才2.2万人，而基诺族的人才培养仍是问题，之前缺的人才教育要逐步补起来，目前基诺族人才传承断裂问题比较突出。他在自己的岗位上一直致力于基诺族乡文化传承，弘扬基诺族文化，建起了基诺族民族博物馆。他认为基诺族干部培养需要下大工夫，于是建立了基诺族人才培养库，希望培养更多的基诺族人才。

百年大计，教育为本。为了狠抓教育，2018年，基诺族乡全乡投入教育补助资金210.08万元，其中全年享受"两免一补"及"营养餐计划"补助166.29万元；机关、企业捐助10.49万元；私人捐助3.7万元。云南省军区资助"1+1"2017年助学金62人21.4万元，奖励2016—2017年度优秀学生7人0.8万元。一方面，引进优质教育资源，增添多媒体设备一体机6套、台式电脑10台，建有云计算机教室1间；充实教师队伍，外出交流培训10人，现有教育工作者61人，本科学历层次22人。另一方面，从文化和精神层面上脱贫，提高人民自身素质，出台"升考奖优办法"，鼓励基诺学子努力学习，绝不让一个学子掉队。2014年

至 2017 年共发放 24.64 万元的升学奖学金，受益 204 人。全乡 80% 的社会成员具有初中以上文化程度。如今全乡大专以上文化程度比例在全州 12 个少数民族中名列前茅，教育教学质量得到了质的飞跃。

正所谓："苦心人，天不负，卧薪尝胆，三千越甲可吞吴。"2016 年，基诺族学生在西双版纳州高考中，喜获全州文理科状元。茄玛村委会巴亚老寨村民小组 69 岁退休女村干部包得说道："再苦再累，一定要让孩子上学；再穷也要咬牙坚持让孩子把学上完。"就是这样一个瘦小而又倔强的农村妇女，始终坚信"教育改变命运"，把自己的 3 个儿子都培养成大学生，3 个儿子学成归来后，纷纷回到家乡，为家乡建设贡献一份绵薄之力；目前，她的 3 个儿子分别在基诺山的林业、司法、教育岗位上工作。

 扶智治愚培养人才

习近平总书记说："青年一代有理想、有本领、有担当，国家就有前途，民族就有希望。"而青年有理想、有本领、有担当的基础是被教育、知教育、信教育，从根上解决贫困就是要发展教育，阻断贫困代际传递。基诺族乡始终秉承"扶贫先扶智，治贫先治愚"，"扶智"和"扶心"有机结合的教育理念，不让一个学生因家庭困难而失学；制定落实"基诺族学生升考奖优办法"，为打破"寒门难出贵子"的大背景打下"鼓励"基础。

同时，为了帮助少数民族更好地发展，解决民族内部事务问题，维护民族平等，更好地实施民族政策，党和政府大力培育民族干部。云南民族大学前身为云南民族干部学院，政府培养大量少数民族干部来这里学习。

白佳林是基诺族最早走出深山接受文化教育的基诺族干部之一。他说："1954 年，我 19 岁参加工作。刚参加工作的那一年，我工作地基本就在我们乡里。1955 年，我去了民族学院，1958 年才回来。我的老师相当好，教我汉语拼音，教我识字读书。如果没有共产党这么好的政策，我可能就是山里的普通农民，在我小的时候，我的父母就已经不在了，我可能也早死了，怎么还会成为基诺族的干部，成为基诺族的非物质文化遗产传承人。现在这样的生活想都不敢想。"

长期以来，党和政府非常重视基诺族干部和专业技术人员的选拔、教育和培养，采取多层次、多形式、多渠道的培养途径，先后保送一批批基诺族青年到北京、昆明和景洪等地进行政治、文化及各种岗位技能的培训、学习。这些青年

 110

学成后，成为州、县、乡各级政府机关的民族干部。党的十一届三中全会以来，又通过在岗学习、学历教育、长期培训、挂职锻炼及跟班学习等方式提高了基诺族干部的科学文化素质和实际工作能力，大批德才兼备、年富力强、思想解放、开拓进取的基诺族干部和知识分子迅速成长起来，走上了各级领导和专业技术岗位。截至 2000 年，仅在西双版纳傣族自治州工作的基诺族干部就有 565 人，其中，国家公务人员 165 人，各类专业技术人员 270 多人，一般干部 130 人。他们都是进行社会主义建设和改革开放的骨干，在当地生产生活中发挥着重要的作用。

精准扶贫以来，对于"直过民族"的帮扶，景洪市采取了增强"直过民族"地区的教育和人才培养的计划。第一，专门加强普及国家通用语言文字。景洪市结合"挂包帮"，增派"双语"工作队员，采取短期集中或夜校等方式，举办普通话口语强化培训班，确保 45 岁以下人口能够熟练使用国家通用语言进行交流。加强乡村教师队伍建设，开展教师、校（园）长培训 1573 人，"特岗教师"指标优先满足"直过民族"聚居区需求，鼓励和吸引市内其他地区的教师到"直过民族"聚居区支教。第二，加强民族干部培训。依托党校、行政学院等机构，培训民族干部，组织部分乡村干部及群众到发达地区学习。第三，培养农村致富带头人。依托龙头企业，扶持发展农村专业合作社，支持种养大户、家庭农业、农业庄园等。采取引导退伍军人、大学生及外出务工青年返乡创业等形式，培养农村致富带头人。

"知识能改变命运。"身为基诺族的第一任女乡长白兰同志如是感叹。从中专学习农村经济管理到读取本科再到攻读研究生，让这个原本普通的乡村女孩有了不一样的视野。2012 年底，白兰从景洪市普文镇纪委书记转调回家乡基诺族乡担任基诺族乡乡长，成为基诺族第一位女乡长。乡亲们热情地欢迎她的回归："回来啦，往后当好你父母的女儿，当好基诺山的女儿！"回乡服务之后，看到乡亲们依然住着茅草屋，吃着打猎来的食物饥一顿饱一顿，白兰就下定决心，要改变这种贫穷的面貌。担任乡长后，她把理论知识转化为实践，在工作中不断摸索，开展了不少被父老乡亲津津乐道的亮点工作，带着基诺族群众走上了致富路，逐渐实现基诺小康。长期以来，白兰在工作岗位上默默地奉献着，为社会稳定、民族团结贡献自己的一分热，也正是因为她对民族团结进步事业的无限热爱，才促使她能永不停息地学习、再学习，一步一步实现自己的人生价值。在她的带领下，基诺族乡呈现出民族团结、社会和谐、边疆稳定、跨越发展的良

好态势，为了基诺族乡的发展，她倾注了大量的心血，用行动证明了"知识改变命运"这句至理名言，也谱写了一位平凡女性所特有的阴柔之美，用心照耀着基诺族乡的每个人，一朵美丽鲜艳的基诺族乡花，正璀璨绽放。

文化自信放光芒

民族文化是民族的根。1979年基诺族的民族身份确立之后，国家和社会加大了对基诺族的关注和扶持力度，在经济社会方面，基诺族获得了质的飞跃，过上好日子的基诺族人，开始注重对民族文化的整理和传承。在党中央及各级党委政府的领导和支持下，美丽神秘的基诺族乡不断深挖弘扬民族文化，基诺族从过去羞于提起民族身份，到如今彰显民族自信，弘扬民族文化，扶持旅游文化，让文化旅游成为带动全乡经济发展的重要支撑。

"特懋克"是基诺族最隆重的全民性节日，囊括了基诺族的歌舞文化，是最能反映基诺族传统文化的节日。1988年，西双版纳州人大常委会根据基诺族的意愿，将"特懋克"定为基诺族的年节，时间为每年2月6日至8日。基诺族有着丰富的节日，除隆重的打铁节——"特懋克"之外，还有吃新米节、采新茶时节的"攸乐古茶"节等，而今随着时代的发展，基诺族发挥自身优长，能歌善舞、以歌言志的基诺族还开创了基诺族好声音歌咏比赛、春节文艺晚汇等节日和文化活动，每到节日，基诺山分外热闹，人山人海，各族人民汇聚在这里，交流感受民族节日文化的欢乐，这既丰富了基诺族群众的精神生活，也让更多人了解和认识基诺族。

虽然没有自己的文字，但是基诺族拥有璀璨如星河的众多歌谣、故事、谚语，用诗一般的词曲传颂基诺族的古老文明，小孩有摇篮曲、成长曲，结婚有《结婚歌》，上新房有建筑知识方面的歌曲《啥高》，外交有《外交歌》，祭祀有庄严肃穆的《普遮子》，还有被杜玉亭教授誉为如《洛神赋》一般优美的长篇诗歌"巴什情歌"……这些都是基诺族无文字文明的宝库。如今基诺族的民歌被作为非物质文化遗产得以保护和发扬。在手工艺方面，基诺族的建筑、制茶、酿酒、打刀、彩虹织布均是特色，尤其是大鼓舞，作为基诺族的象征符号，敲起大鼓声音浑厚，跳起大鼓舞，磅礴大气，作为基诺族的代表，大鼓凝聚人心。

近年来，基诺族注重优秀传统文化的保护、非遗的申报与传承，进行了古

歌、民歌收集整理、录制教学，非遗大鼓舞传习所、基诺族织布传习馆相继成立，开展大鼓舞进校园活动等，通过项目申报和非遗传承努力让更多的人了解基诺文化，让基诺文化走得更远。目前基诺族乡有国家级非物质文化遗产代表性项目2项（基诺族大鼓舞、传统节日"特懋克"）；及时行动和抢救基诺历史古迹，第三批市级重点不可移动历史文物司土老寨"攸乐同知"和小普希"古墓葬"遗址得到关注和保护；基诺族古歌《啥高》和基诺传统音乐《奇科·布咕》正申报省级非遗项目；基诺族古歌《啥高》已经整理录制并印刷成内部资料存档，基诺古歌《普者子》完成录制，目前翻译和整理工作正在有序推进；国家项目《中国民族大辞典——基诺篇》的编撰和基诺族口头典藏收集整理进入收尾；全州农村文艺表演参演小品《我也脱贫了》荣获一等奖；基诺族大型舞蹈史诗《跟着阿舅走》参加云南省第十六届新剧目展演，荣获最佳舞美和最佳执排奖；基诺族传统古歌《啥高》荣获全州民族民间歌舞乐展演二等奖……这一桩桩一件件的可喜成绩，展现了基诺族文旅产业持续稳步发展的良好态势。

在党中央及省、州、市、乡党委政府的领导和支持下，美丽神秘的基诺族乡发掘了一批批以基诺大鼓舞为代表的基诺族非物质文化遗产，也培养了一批如国家级基诺大鼓舞非遗传承人何桂英等传承人，诞生了诸如基诺青年歌手沙车等为代表的优秀基诺文艺青年。

过去，这些基诺族文化精英和人才在乡里没有发展出路，只有外出打工，到各地参加艺术团表演团，所表演的舞蹈、歌曲都不是本民族的，那时的他们觉得非常不自在，为什么自己要扮演别的民族，展示别的民族文化艺术？我们基诺族也有我们自己的文化、自己的特色。陈建军说，不是我们的文化不优秀，而是许多外人根本就不知道我们基诺族。他逐渐对家乡和基诺族产生一种使命感，经常参与基诺山寨的演出运营和基诺族舞蹈编排。基诺族传说是鼓中诞生的民族，大鼓是基诺族的象征，大鼓舞也是最能代表基诺族文化的符号。陈建军决心向外人展示最具特色的基诺大鼓舞，陈建军用了大半年时间，跑遍基诺族乡30多个村寨，跟随长老学习基诺族大鼓舞的传统动作。陈建军将不同村寨的大鼓舞进行了整合，使表演动作看起来更有节奏、更富美感。最终，他将基诺族大鼓舞完整地呈现在舞台上，让基诺族文化广为人知。大鼓舞传承人杰布鲁也从外地回到家乡，在基诺山寨旅游景点向游客宣传和介绍民族文化，喜欢民族文化的他经常和老人请教基诺族古歌，在传统的基础上创造了若干首基诺民族歌谣，并被广为传唱。

基诺族乡文化广场是基诺族乡文化传承和文化弘扬的重要阵地，设有"祭鼓房""祭铁房""祭天柱"、大鼓舞台，在2017年"特懋克"投入使用。

基诺民族文化博物馆，是展示基诺文化的另一窗口，也是开展学习交流、教育研究、传承弘扬基诺民族文化的重要基地。2017年6月6日，正是基诺族被认定为单一民族的日子，中国唯一的一个基诺族博物馆，在景洪市基诺族乡的巴坡村正式开馆。基诺民族文化博物馆，全面展示了基诺族的民族特征及从历史传说到现代的发展历程，反映了基诺族民族舞蹈、民间民歌、民间乐器、人文历史等内容。馆内现拥有和展示展览的藏品共20种631件。内容包括基诺族图腾柱（外场）、基诺族乡全貌、基诺族服饰、基诺族农耕文化、基诺族风俗礼仪影视厅、基诺大鼓、基诺族祭祀、基诺族打铁、基诺族文史鉴、攸乐同治府、基诺族乐器、基诺族狩猎、基诺族生产工具、基诺族生活用具、基诺族茶文化、基诺族酿酒、基诺族大鼓舞传习室、基诺族历史人物展示等。这里是基诺族文化集中展示的博物馆，也是进行文化交流活动的重要基地。

"基诺"这个词不仅走出了大山，走进了中国，更走向了世界。伴随着清脆的基诺原生态乐器"奇科""布咕"高低有致的敲击声，配上男声高亢浑厚和女声清澈透亮的声线清唱，一曲时而婉转、时而激荡的基诺民间歌曲《奇科阿咪》（《猎归歌》）在神秘美丽的基诺族乡回旋。2015年，基诺族"奇科阿咪"组合参加了"村落风情，乡愁声音"第七届全国村歌大赛，在经过激烈的初赛与复赛后，"奇科阿咪"组合从479支队伍中脱颖而出，不负众望地挺进了精彩的全国总决赛，经过专家现场综合评选、打分，基诺族语歌曲《奇科阿咪》荣获"中国村歌十大金曲""中国村歌好声音金奖""最佳作曲金奖""最佳作词金奖"等奖项，巴朵村民小组还被评为"中国十大最美乡愁"村落。此外，《奇科阿咪》还入选了第七届全国村歌大赛优秀歌曲。

从最神秘的热带原始森林到星光闪耀的全国村歌大赛舞台，这是一段艰辛的历程。"奇科阿咪"组合成员之一，今年正值古稀之年的基诺族老人资切回忆："当时获奖的情景我永生难忘，这是我一生中最美好的一刻，因为参加2015年的全国村歌大赛并如愿获奖，圆了我50年的梦！"而担任"奇科阿咪"组合演奏、主唱、词曲作者的杰布鲁（现任基诺族乡新司土村委会巴朵村小组党支部书记）在当时的采访中激动地说："我要用音乐的形式把基诺族语言传唱给世界"，这无疑是一种坚定的文化自信。

2021年6月27日上午，在西双版纳基诺族乡，一面承载着基诺族"鼓舞中

114

国"美好心愿的传统木鼓被激情擂响，为中国共产党成立100周年送上边疆群众最纯粹的祝福。在党的光辉照耀下，基诺族实现了两个千年的跨越，基诺族人心向党，怀着感恩的心，用民族神圣的鼓作为至高无上的礼物敬献给党，并送往了北京，收藏在中国民族博物馆。年近七旬的省级非遗"基诺大鼓舞"传承人白腊先，兴奋得像个年轻小伙儿，他为自己实现了"做个很大很大的太阳鼓献给党的百岁生日作礼物"的心愿而激动、自豪。

这面长1.3米、高超过2米的大鼓，由白腊先和他的徒弟们耗时半年自费制作而成。制作大鼓的想法萌生于2021年1月，但要把想法变成现实，可谓困难重重。由于传统的基诺大鼓不能拼接，必须用整段的树桩凿空制成，而现在砍树是法律不允许的。白腊先老人和徒弟们翻山越岭，走遍了基诺山，终于找到一棵符合制作标准的自然倒下的巨树，经过合法合规的申请批准，终于将这棵大树截取了一段直径为一米多的木材，费尽周折从原始森林中运出来。

制鼓耗材费工，白腊先亲自设计大鼓制作方案，和徒弟们一起投工投劳，加班加点，终于，这面承载着全族群众美好祝福的基诺大鼓，呈现在世人面前。

迎着朝阳，基诺族群众对着大鼓举行了虔诚的祭鼓仪式，随后，白腊先带领着大家擂响大鼓，跳起大鼓舞，用本民族最古老神圣的方式，献礼中国共产党成立100周年，用鼓声向56个民族的兄弟姐妹传递鼓舞人心的力量，祝福党和祖国越来越好！基诺族非遗传承人白腊先说："因为我们民族是从鼓里面走出来的民族，所以我们把鼓认为是神圣之物。这面大鼓是我们献给中国共产党成立100周年的礼物，擂响这面鼓，是要鼓舞中国，鼓舞人心，祝福我们伟大的中国共产党蒸蒸日上。"[1]

近年来，基诺族被越来越多的外界人士认识，基诺歌曲、民间文化也备受人们青睐，纷纷来基诺山感受基诺族同胞的精彩文化风韵。作为中华优秀传统文化组成部分的基诺族文化给基诺族带来了无尽的精神财富、物质财富，以及民族文化自信的光芒。

---

① 源自公众号西双版纳手机台：《擂响这面基诺大鼓，庆祝中国共产党成立100周年！》，2021年6月28日。

深
山
走
出
脱
贫
路

云
南
人
口
较
少
民
族
脱
贫
发
展
之
路

传承人何桂英跳国家级非物质文化遗产基诺族大鼓舞
（摄影：徐何珊）

深山走出脱贫路

云南人口较少民族脱贫发展之路

从依靠到团结：与各民族携手共建繁荣的共同体

　　消除贫困、改善民生、实现共同富裕是社会主义的本质要求，是中国共产党人始终如一的根本价值取向。为民所想，为民所谋，深刻地体现了人民的心声，牢固树立基诺人民脱贫致富的坚定信念。共产党坚持民族平等、民族团结、各民族共同繁荣的基本原则。各民族都是国家的一分子，激发了基诺族民族当家作主、自力更生的决心，全国人民一起齐心聚力，团结奋斗，拔除穷根，朝着共同繁荣、共同富裕的方向前进，为实现现代化和中华民族伟大复兴而努力奉献。

党建引领照亮边疆治理

　　基诺族的脱贫致富成就，离不开党中央的坚强领导，离不开社会主义先进的制度和治理体系，离不开党组织带头真抓实干的奋勇拼搏，正是共产党带领着全国各民族脱贫攻坚，才迎来了基诺族幸福美好的新生活，为人类脱贫史提供了成功经验。

　　基诺族脱贫的成功实践，关键在于我国政治优势和制度优势强而有力的支撑。中国建立了特色的脱贫攻坚制度体系，以党委领导，建立党政"一把手"扶贫工作责任制，以政府主导，将脱贫攻坚纳入国家总体发展战略。广泛汇聚社会参与，党的领导集中办大事的力量，构建起政府、社会、市场协同推进扶贫的合力。这个行之有效的脱贫攻坚中国方案，能够有效应对脱贫攻坚道路上的各种风险挑战，敢与天斗，战胜自然条件的困难，改天换地，成为扶贫成功的重要法宝。

　　传统的基诺族社会以村寨长老制为社会运行的基本制度，村寨长老不以能人贤者为任，而是由卓巴家族中年龄最长者担任，不论疾病与否。村寨属于原始公社的松散式发展，随着时代的发展，长老制已经不适用于基诺族，村寨的发展要适应现代社会的进程。1956年9月，中共西双版纳工委研究决定，在基诺山建立乡人民政府和党的组织，第一批入党的农民（含农村干部）共24人，分别

在巴亚、巴卡、巴来、司土、洛特建立起5个临时党支部。如今村寨的"领头雁"就是党组织和党员，在党组织的领导下，村寨治理有序。基诺山的党组织从此不断地发展，到1985年初，全区共有中共党员175名，党员们宣传党的思想政策，凝心聚力，身先士卒率领着人民群众改天换地，用双手创造新生活。在科技上山时，带领群众示范种植经济作物；在文化教育时，宣传晚婚晚育的计划生育思想；在脱贫攻坚时，冲在最前线谋发展，帮扶困难群众。此外，还有外界千千万万的党员和干部群众一直关心着基诺族，支援基诺族乡发展。基诺族社会在党的领导下，不断走向现代化、法治化的道路。

在脱贫攻坚中，基诺族乡坚持"党建带扶贫，扶贫促党建"的思路，以脱贫攻坚统揽经济社会发展全局，把脱贫攻坚任务作为头等大事和第一民生工程来抓。把"直过民族"脱贫攻坚列入党委、政府重要督查事项，建立年度脱贫攻坚报告和督查制度，确保责任、政策和工作落实到位。尽锐出战，加强"直过民族"聚居区驻村扶贫工作队力量，每个村驻村扶贫工作队员达到5~10人，选派"双语"工作队员，把普及国家通用语言作为精准帮扶重要的基础性工作，落实帮扶责任。扶贫工作队要在市、乡党委统一领导下开展工作，协助贫困村和贫困户，找准贫困原因，寻准脱贫路径，逐村逐户制定脱贫措施，抓好政策措施的落实。挂钩帮扶单位要发挥优势，在项目资金、信息技术、人才培养等方面，对"直过民族"倾斜扶持，以"三严三实"的要求，做好"挂包帮"精准帮扶工作，做到不脱贫不脱钩。同时，充分发挥基层党组织领导的核心作用，以党建引领推动"直过民族"干部和致富带头人培养，深入开展生态环境保护、美丽乡村建设及"洁美人家"提升人居环境等活动，以参与具体实践切实提升基层组织和干部的领导力和影响力。统筹协调解决项目规划、资金整合、政策保障等重大问题，为脱贫提供坚实的保障。充分发动群众、组织群众，激发贫困群众的内生发展动力，通过扶贫帮扶、自力更生，实现脱贫致富奔小康。

如今，基诺族乡共有基层党组织60个，全乡党员604人，女党员127人，占党员总数的22.88%，少数民族党员578人，占党员总数的95.85%。2016年，基诺族乡有驻村扶贫工作队1支、工作组2个；2017年，有驻村扶贫工作队1支、工作组2个；2018年，有驻村扶贫工作队5支15人；2019年，有驻村扶贫工作队5支14人。在脱贫攻坚工作中充分发挥全乡1个党委、7个村党总支、52个党支部604名党员的基层党组织领导核心作用，采取"六抓六强化"工作措施，即一抓机遇，强化工作统筹；二抓队伍，强化组织保障；三抓协调，强化资源

整合；四抓产业，强化支部引领；五抓示范，强化党员带头；六抓帮扶，强化"造血"功效，坚持扶贫开发在哪里，服务型党组织建设就跟到哪里，有效夯实基层党组织的战斗堡垒作用。

从巴卡村的脱贫攻坚到巴亚村的乡村振兴，60后党员李志华已在基诺族乡驻村3个年头。每到一处，他和队员们都要因地制宜发展产业。今年，为了带领巴亚村群众持续增收，他们在做好茶产业的基础上，引进了澳洲坚果。8月，1800余株澳洲坚果苗全部栽种。"这里的气候和土壤都比较适合，过个三五年就能挂果了。"李志华说。

在基诺族乡，像李志华这样倾情乡村振兴的工作队队员还有10多人。他们来自不同的地方，但都把基诺山当成自己的"第二故乡"，让群众的获得感、幸福感不断提升。在基诺山寨景区，党员发挥带头示范作用，帮助村民在景区开设农家乐、民宿等，还助推当地的手工艺品销售。①

在党组织的领导下，基诺山的变化越来越大。党建引领推动生态环境保护、美丽乡村建设，深入开展农村环境连片整治，提升基诺族乡文明形象，开展"洁美人家""大干三十天""爱国卫生运动"等多种活动，党支部带领党员从爱路护路、村内公共区域清洁、个人家庭卫生等点点滴滴做起，在村内树立起红色榜样，形成"党员先干、党员帮着干、党员领着一起干、村民自觉干"的良好效应。党委、政府不仅为村寨修通了公路、改善了村容村貌，还向每户村民发放了5万元的贴息贷款作为产业发展资金。全乡建档立卡贫困户中有党员27人，已脱贫致富27人。2014—2017年，共发放党员创业贷款441万元，带领60余户贫困户走上产业脱贫道路，鼓舞群众脱贫信心，促进群众自力更生。

2019年6月，基诺族乡省级示范点"习近平新时代中国特色社会主义思想学习示范点"建成并投入使用。以建设一个主题广场、开设一个讲习所，打造一个示范村寨为主线，目前，基诺族乡已开展了挂牌仪式参观学习、"万名党员进党校"、党委理论学习中心组参观学习、非物质文化传承人及文化辅导员参观学习、"主题党日+"、党的十九届四中全会宣讲。2019年底，基诺族乡被列为西双版纳州"不忘初心、牢记使命"学习教育基地，全州3家单位前来参观学习，共计近1350人次进行了示范点参观学习。乡党委将党史学习教育内容划分为全

---

① 吉哲鹏、严勇：《基诺山，幸福山》，《云南日报》，2021年12月27日。

面开展学习教育活动、主题实践、专题党课、我为群众办实事、专题培训、专题组织生活会等模块，采取用好党校集中学、开展宣讲广泛学、创建试点示范学、整合资源多样学、创新方式特色学、督导问效务实学等方式，以乡党委带头示范，支部带动党员，抓好个人学、专题学、集中学。

乡党校通过灵活多样的办学模式，以44个党员活动室作为"流动党校"教学点，依托新时代文明实践所和习近平新时代中国特色社会主义思想示范基地，借助"万名党员进党校"、党课开讲啦、领导干部上讲台、科技下乡、培训到家和文艺会演等活动形式，实现党史学习教育织网格、丰载体、壮阵地、提实效。在内容上注重把党史知识的学习与讲好本民族"千年跨越"故事相结合，全面营造党员干部人人学党史、党史启人人、人人感党恩的浓厚氛围，引导党员干部群众始终感党恩、听党话、跟党走。

通过整合"三级四类"书记、基诺族讲师、非遗传承人、文化工作者、驻村工作队员、全国政协委员、全国人大代表等，成立了党史学习教育村委会讲师团、民族讲师团，深入村寨面对面宣讲70余场，受众3000余人次；开展"永远跟党走"群众性主题宣传教育、"党旗在基层一线高高飘扬""永远跟党走 奋进新征程"百姓宣讲活动等284场次，受众4790余人次。举办以专题学习、党性锤炼、唱革命歌曲、承诺践诺、党史知识竞赛、学习百问、办实事等为内容的"学党史 强信念 跟党走"主题党日活动168场，1998人次参加。[1]

在全面推进乡村振兴的征程上，景洪市政府作出了深化抓党建促乡村振兴的实施方案，坚持组织路线服务保证政治路线，以组织振兴引领产业振兴、人才振兴、文化振兴、生态振兴，强化乡村振兴组织保障。建成"规范化"示范支部，完善乡村治理体系和治理能力。建强"领头雁"骨干队伍，发挥行政村（社区）党组织书记、村（居）委会主任、村集体经济组织负责人"一肩挑"作用。加大后备力量培养力度，发挥"青年人才党支部"作用。全面选派乡村振兴工作队，持续选好管好用好驻村第一书记和工作队，打造乡村振兴骨干队伍。推行村级组织"大岗位制"，整合公共服务管理岗位，推进村组干部专业化建设。开展"示范化"创建活动，切实发挥党员的先锋模范作用。实施"常态化"主题培训。健全"制度化"工作机制，推行从市级到村小组"四级联创"机制，构建纵向到底

---

① 戴振华：《景洪市基诺山乡——学百年党史 讲千年跨越》，《云南日报》，2021年10月28日。

的工作体系。

云南省第十三届人大代表、景洪市第六届人大代表李柏忠，时任基诺山基诺族乡党委副书记、人民政府乡长。自上任以来，他身体力行、率先垂范，团结带领全乡广大干部群众，解放思想、锐意进取，凝心聚力、创新实干，推动全乡经济、政治、文化、社会及生态文明和党的建设均取得新的成绩。他曾荣获"2016年度、2017年度优秀公务员"。他用实际行动践行着"人民选我当代表，我当代表为人民"。

他坚持深入一线，认真负责察实情，始终把脱贫攻坚作为发展的头等大事来抓。"一定要让脱贫攻坚见实效，让老百姓日子越过越好。"他依托基诺族乡绿水青山、自然风光、民俗文化等资源，以其民俗文化、自然生态为品牌，以精准扶贫为宗旨，充分发挥资源优势，主动出击，广泛结交客商，寻求合作伙伴，千方百计地捕捉符合当地发展的信息，以诚招商；带领全乡干部，配合驻村工作队和州市挂联单位，跑遍辖区内7个行政村46个自然村，深入村组党员干部家中了解村组情况，征求意见建议，召开座谈会，分析致贫原因，寻找脱贫措施，制订脱贫计划，在充分尊重贫困户意愿的基础上，科学确立产业扶贫计划；不定期组织带领工作人员走访慰问贫困户，讲解目前的扶贫政策，倾听贫困户心声，结合贫困户自身实际情况因户施策，帮助贫困户寻求最稳固、最根本、最持久的脱贫路径，鼓励他们增强战胜困难的勇气，树立坚强的生活信心。他率领基诺群众奋斗在脱贫第一线，率先成为云南整族脱贫的"直过民族"之一。

为官一任，造福一方。他时刻把群众的事放在心坎上、落实到行动上，努力为群众多办好事实事。他说："我们的生态好啊，这条路不能浪费。"李柏忠找准基诺族乡的发展路子，把握机遇，发挥优势，为调整基诺族乡产业发展结构，加快群众增收致富，他结合本地实际，在发展橡胶、茶叶、砂仁等传统产业基础上求变求新，引导农民培育壮大生态特色产业，优化产业结构，充分利用生态资源，积极争取项目资金，大力发展澳洲坚果等特色林果，推广种植冬季作物无筋豆、扁豆等，发展李子、柚子、杧果等生态果园；发展本地土鸡、小耳朵猪等生态特色养殖，规范"基诺山货赶街日"，为农民销售农特产品、山茅野菜、民族工艺品搭建平台；依托古树茶产业，大力推进生态茶产业发展，做优茶叶产业，全面提升茶叶品质，复兴云南普洱茶古六大茶山之首的名号。念好"山字经"，打好"生态牌"，不断优化产业结构，促进多种产业健康发展，经济实现了跨越式发展。

巴飘村党支部（摄影：徐何珊）

　　他坚决维护少数民族和民族地区的合法权益，促进民族团结和维护社会稳定。在反对民族分裂主义这一大是大非问题上，他始终保持清醒的头脑，坚决反对一切破坏民族团结、影响社会安定的思想和言行，他经常教育广大干部群众，要坚定不移地把维护民族团结放在工作首位。2011—2015 年在勐罕镇任纪委书记期间，他认真处理协调傣族和基诺族的矛盾纠纷，认真延续 300 多年历史传统，在"特懋克"民族节日期间，他认真组织司土村委会巴洒二队村、巴秀村同勐罕镇傣族村寨开展"共做共吃一锅饭、共话共建民族情"的民族团结活动。

　　作为基诺族本土干部，他充分发挥"懂方言"的优势，工作生活同群众打成一片，更坚持维护人民群众的利益。充分尊重本地少数民族干部和基诺族"七长老"，经常向他们请教办法、征求意见、听取建议、交流经验，确保大小事项都得到积极稳妥的解决，带动形成了全乡各民族平等相待、团结和睦、友好互助的良好局面。他抓牢民族文化，全心全意助团结。以基诺族"特懋克"传统节日为抓手，整合民族文化资源，开展"特懋妞""祭祀铁房"等特色民族活动，打造特色民族文化品牌；以"基诺民间传统手工艺刺绣展演"为契机，发展特色手工艺品助力群众增收致富；以"攸乐古茶文化节"为媒介，提升攸乐茶文化品牌价值；以打造基诺美食文化助力群众拓宽增收路子。基诺族古歌《奇科阿咪》

获全国第七届村歌比赛中国村歌十大金曲等 5 项大奖；《基诺大鼓舞》被评为"国家非物质文化遗产"；培养了各级非物质文化遗产代表性传承人 19 人。

在他担任疫情防控指挥部指挥长期间，始终战斗在疫情防控的第一线，收到命令后，他立即放弃休假，第一时间向全乡发出"不拜年、不串门、不聚餐、不出门、待在家"的倡议。他牵头组织领导小组实施战时会商制度研判疫情，实时了解疫情动态，在全乡辖区设置 55 个疫情防控监测点，24 小时保持忙碌状态，带领全乡应对疫情的 12 个工作组、60 个基层党组织、604 名党员及 179 名机关干部职工，第一时间对辖区村组、集镇全部实行封闭式管理。实行班子成员和机关干部网格化管理，全面下沉基层开展地毯式人员排查 3604 户 13782 人，并建立了详细台账，做到底子清、信息明；坚持"三点一线"工作连轴转，坚持每天带队巡回督导各中心站所、各村组、各监测点防控工作，同时，千方百计保障一线工作人员所需，多方采购储备帐篷、消毒液、口罩、护目镜、体温枪等防护物资，积极参与交通卡点执勤，扎实推进落实外来人员报备审批，全员测量体温，有序推进复工复产，确保疫情防控、生产发展"两不误"，辖区内未出现疫情。

"疫情就是命令，防控就是责任"，在全国疫情防控的关键时期，当党和人民需要时，李柏忠乡长迎难而上，夜以继日，连续 30 余天奋战在疫情防控的第一线，用实际行动彰显了"舍小家，为大家"的责任和担当，践行了一名共产党员的初心和使命。

长期以来，李柏忠作为乡党委副书记，充分发挥了党建引领的示范作用，用以民为本的工作情怀、务实的工作作风默默地奉献着，为基诺族社会稳定、民族团结贡献出党员干部的"领头雁"作用，在他的带领下，基诺族乡呈现出民族团结、社会和谐、边疆稳定、跨越发展的良好态势。

巴飘村村民小组正是乡村振兴基层社会治理现代化的示范点。共有常住农村居民 62 户 273 人，劳动力 231 人；共设有 1 个党支部，党员 18 人；有脱贫户 1 户 2 人。全村经济收入以茶树、橡胶等为主，巴飘村党支部集体经济中橡胶地 67 亩、茶叶地 5 亩、空地转租 1032 亩。巴飘村采用"五治融合"全力助推乡村振兴不断深化，全村和谐有序、充满活力。

（1）政治引领。自 2003 年 12 月，巴飘村村民小组搬迁后，群众生产和生活条件得到较大改善，对周边贫困村寨的扶贫开发工作起到了积极示范和推广作用。近年来，巴飘村党支部在乡党委的引领下，以创建示范点为契机，发挥党员先锋模范作用，积极带领村寨妇女、青年、综治队员、长老拆围墙种花，鼓励村

民自主创业，打造农家乐，形成美食村，现在还有手工制茶、基诺传统纺织体验、民宿等，带领村民寻找新的致富渠道，共同建设美丽巴飘村寨。

（2）法治保障。巴飘村在乡党委政府组织派出所、司法所等单位进村开展法治宣传教育时，也积极邀请村寨长老、妇女、综治队伍等开展一些政策宣传，开展精神文明创建活动，以坚决打击跨境违法犯罪、枪爆违法犯罪、走私护私、电信诈骗、邪教、吸毒贩毒等，推动村规民约落实，提升群众法律素质，不断增强群众遵纪守法意识。

（3）德治为辅。寨子老人非常重视教育，引导孩子爱国守法、诚实守信、孝老爱亲、科学教子，传承好家训、培育好家风，长老们以空闲时间教孩子基诺族乐器，用传统故事的方式弘扬基诺族优秀传统文化，每年2月6日，基诺族"特懋克"共同庆祝节日，以"文明饮酒、拒绝酗酒"为主题，带领村民健康生活。

（4）自治创新。巴飘村积极响应打造示范村建设号召，成立党员先锋、妇女、青年、综治队员、长老5支队伍共同治理村寨。党员先锋队按照网格化管理"一村多格""一岗多责""一线管理""一包到底"服务村民，全面实施村级网格化服务管理工作。巾帼妇女队引领村内群众坚定不移感党恩、听党话、跟党走，传递社会正能量、提升文明素养、邻里互助、了解社情民意、调处邻里矛盾，关心关爱留守、贫困妇女儿童和孤寡老人等弱势群众，组织妇女群众把家里家外打扫干净，房前屋后绿化整洁，打造舒适宜居的农村生活环境。长老队在促进生产发展、村风文明、构建村民和谐、改变村容村貌、矛盾调解等方面发挥积极作用，化解村组发展的不稳定因素。综治小队6人配备综治队员制服、警棒、巡逻电筒等若干个符合物防标准的装备，每天开展治安巡逻，既对村寨巡逻巡防又负责纠正村民的不文明行为，确实提升村民的安全感、满意度。团员青年引导村寨年轻人根据个人优势，深入群众，惠及民生。通过开展采茶制茶和网络直播带货促增收、人人参与疫情防控宣传等方式，大力营造树典型、赶先进的浓厚氛围。

（5）智治联防。巴飘村用网格化管理模式服务村民的工作思路开展村级网格化服务管理工作，在全村设立13个党员责任网格，每个网格选定1名党员包干负责。由乡党委政府协调，在村寨主要路段安装10个高清视频摄像头，"互联网＋治理"模式接入农户，加快农户高清视频监控点位安装，高清实时监控、全时安全守护、实时对讲、异常告警、哭声侦测、安全云存储，出现异常情况，本人、家人快速收到通知，留存取证，补齐农村治安防控短板，进一步推进农村社会治安防控体系信息化、智能化建设，形成了"党委领导、政府主导、村

民自治、社会协同、群众参与"的新载体，完善了"政治、法治、德治、自治、智治"的新体系；构建了"共建、共治、共享"的新格局，实现了"小事不出村，矛盾不上交"的新局面。[①]

内生动力与外在帮扶的良性互动

脱贫攻坚战打响后，四面八方的帮扶资源向基诺山汇聚，"挂包帮"单位、驻村工作队、定点帮扶、沪滇帮扶，在社会各界的支持下，基诺族乡继续携手全国各族人民，在培育产业、提升基础设施、开展技能培训等方面做文章。

各界帮扶授之以渔

景洪市充分发挥基层党组织战斗堡垒作用和党员先锋模范作用，创新推行"坝区帮山区、山区学坝区"结对帮扶模式，实现了村委会帮村委会、村小组帮村小组、村民帮村民"三个覆盖"，坝区傣族等文明富裕村寨从党组织建设、人居环境提升、增收致富等多方面结对帮扶山区拉祜族、布朗族等贫困村，展现出一幅各民族团结一家亲、互帮互助共同奔小康的动人景象。2015年，基诺族乡有州、市级"挂包帮"单位10个；2016年有州、市、乡三级挂联单位11个，累计投入资金3311.6万元建设公共服务设施，完成教育、卫生、文化等57个项目建设；2017年有州、市、乡三级挂联单位11个；2018年有州、市、乡三级挂联单位10个；2019年有州、市、乡三级挂联单位10个，投入资金16.66万元用于慰问贫困户、开展消费扶贫、基础设施建设、发放生活用品等，先后开展"挂包帮、转走访""回头看"等工作，做到"村不漏组、组不漏户、户不漏人"，实现走访全覆盖，有效地助力基诺族乡的脱贫攻坚工作有序进行。

云南省军区是精准帮扶基诺族整族脱贫的定点帮扶单位。2016年，云南省军区党委决定整族帮扶基诺族，并将推进落实任务分配给西双版纳军分区。受领任务后，军分区党委高度重视，按照"产业扶贫到户、教育扶贫到人、公共扶贫

---

① 资料来源：《巴飘村以"五治融合"为乡村振兴战略"保驾护航"》，基诺山基诺族乡政府提供。

到位"的总体思路，及时成立领导小组和办公室展开工作，专门分派一名常委负责抓落实，确保脱贫攻坚工作有力推进。

云南省军区在精准扶贫中，对症下药，采取精准滴灌式，面对巴亚基诺山茶厂的产业发展问题，共投入资金350万元开展产业扶持项目——基诺山茶厂，在贫困村集体经济发展上，其采用固定分红模式，切切实实给基诺村村民带来产业发展的实惠。面对基诺村多个村寨公共基础设施缺失的问题，省军区在基础设施帮扶方面加大投入，投入资金87.3万元（含配套设施8万元）为巴朵村、普米村建设"青年民兵之家"，按照"六有"标准配套学习桌椅、阅览桌、书柜、投影机、投影仪、调音台、音箱、电视机、英模画像，使其成为青年民兵学习教育、宣传动员和开展兵役工作的主阵地；为洛特村委会扩建修缮卫生室并捐赠中药柜、中频脉冲磁治疗仪、特定电磁波治疗仪、电针治疗仪等医疗设备，解决村民看病难的民生之困，面对基诺族精神文化上的贫乏，在普米村修建了综合文化广场，集弓弩场、陀螺场、气排球场、羽毛球场、歌舞表演、娱乐健身、茶叶炒制培训、开展村务活动等为一体，助力基诺族群众从精神上脱贫致富。针对基诺族因文化素质较差而致贫的教育短板，云南省军区与西双版纳州教育局签订《云南省军区—基诺族建档立卡贫困学生"1+1"结对捐资助学活动协议书》，设立了400万元的"阻断基诺族贫困代际传递奖助学金"，决定从2016年开始，持续8年对基诺族贫困学生资助3000~6000元的费用，保证他们完成学业。此后，西双版纳军分区会同州教育局连续发放了两个学年的捐资助学金共计97.15万元，受益学生120多名，覆盖了全市所有建档立卡基诺族贫困家庭的学生。

基诺族与省军区结下了兄弟齐心的情谊，省军区在基诺族乡洛特村委会十字路口投入经费7.7万元新建"军民共建示范村标志"一座，雕塑设计造型为基诺大鼓，融基诺文化、军民团结等元素于一体，是反映省军区整族帮扶基诺群众和军政军民共建的见证。

洛特村委会距离乡政府18千米，道路蜿蜒崎岖，处处云海丛生，自然环境十分优美，但生活条件相当艰苦。驻村工作队的派驻给洛特村委会注入了一股新鲜的血液，现在的洛特村一改往日沉闷，处处洋溢着朝气蓬勃、干事创业的热情。他们当中，有沉着稳重、处事得当的工作队长李春华，有心系百姓、大胆细心的队员陈磊，有熟知党务、精通法律的队员张一雄。

洛特村工作队队长李春华，是州扶贫办下派的驻村干部，也是一名基诺族干部。能回到家乡做建设，对于他来说是一件幸事。在扶贫的工作中他从没有一句

怨言，一直兢兢业业地付出。村民都说李队长就像房屋的主梁一样架起了整个工作队和村子的工作。作为本民族干部，他具有语言和文化的天然优势，在做群众工作的时候尤其出彩，什么工作难推进、村民不理解、政策难沟通，找李队长出马就绝对没问题。对于农村危改建新拆危工作、村内水表安装水费收缴工作、农村"厕所革命"等难啃的"硬骨头"，均被李队长带领党员干部一一拿下。多年的扶贫办工作使得李队长业务精通、沉着稳重。2018年驻村工作以来，他先后为洛特村委会协调多个项目及各类物资。特别是普希老寨村小组的生态猪养殖项目及附属工程，更帮助普希老寨村小组集体经济实现了零的突破。

来自西双版纳机场的工作队员陈磊自驻村以来，一直是工作队的数据收集员和资料员。陈磊的工作做得十分细致准确，什么数据搞不清楚、什么政策弄不明白问他准没错。在做好日常工作的同时，陈磊上沟通单位，下联系群众，急村民之所急、想村民之所想，因地制宜提出很多助民惠民的方案措施。

特别是在提升人居环境方面，陈磊联系"挂包帮"单位为村小组安装公共垃圾箱，改变了村民随手丢垃圾的习惯，村组的卫生状况大为改善。为绿化、美化扶贫村寨整体环境，陈磊联系西双版纳机场，综合考量扶贫村寨的水质、海拔、气温等植物生长关键因素，精选出花季较长的三角梅、木春菊及沃柑等在村组种植，为扶贫村寨添绿、为脱贫添劲、为村民生活添彩。

队员张一雄是景洪市纪委下派的90后年轻干部，短短几天，他便适应了山村里的工作，完成了纪检干部到扶贫干部、城市工作到农村工作、外地人到本地人的三个转变。法律硕士毕业的他来到农村之后并没有放下"老本行"，一方面利用自己的专业知识帮助村民拟定合同、合理维权，另一方面，也帮助村组制定审查村规民约。

纪委出身的张一雄深知基层党建非同小可，扶贫先扶志，抓工作先抓思想。一方面，他帮助指导全村各个党支部落实"三会一课"制度，完善台账资料，协助党支部完成达标创建工作。另一方面，他身体力行，带头组织参加党员活动，上党课、开党会、感党恩。"小张同志的党课上太精彩了，他的课上得和其他人不一样，他将党的历史转化为一张张鲜活的照片、一个个精彩的故事，我们听起来时而惊心动魄，时而潸然泪下；另外，他给我们讲述的各类基层特别是农村干部贪污腐败、违纪违法的案例，也为我们党员干部敲响了警钟，我们学到了很多东西。现在我们党员干部以及村民的精神面貌焕然一新，干事创业的劲头更足了。"普米村小组党支部书记阿大如是说。

　　三个不同年龄段的人、三个来自不同地方的人、三个不同职业的人，因为驻村走到了一起，因为扶贫成了战友。他们在洛特村各展所长，挥洒着青春的汗水。在他们的努力工作下，洛特村委会也发生了巨大的变化，村内的基础设施不断完善，村民的精神面貌焕然一新，党员干部的工作热情十分高涨，人们积极向上，事业欣欣向荣。他们说："不忘初心、牢记使命，脱贫攻坚一天不胜利，工作队就一天不撤退。"

　　2016—2023 年，已有财政专项、沪滇协作等各类资金近 1.4 亿元投入基诺山的脱贫攻坚及乡村振兴工作。

　　2016 年，积极协调社会各界力量捐助基诺民族小学 150 万元综合楼建设，改善了学生的就学条件，对基诺族乡 61 名贫困大学生给予 25 万元助学金补助。

　　2017 年，协调上海市浦东新区高行镇商会帮扶 28 名基诺族贫困学生助学金 8.4 万元；协调配合省军区持续 8 年对 122 户基诺族建档立卡贫困家庭开展捐资助学，年初发放首批助学金 46.8 万元，帮助他们顺利完成学业；市委组织部门帮扶投入 13 万元，发放橡胶苗 500 株，以发展集体经济。

　　2018 年，市委组织部投入 6 万元发展 15 亩生态鱼塘养殖作为小普希的实体经济；机关、企业捐助 10.49 万元，私人捐助 3.7 万元教育补助金，为建档立卡贫困家庭开展捐资助学；发放云南省军区资助 "1+1" 2017 年助学金 21.4 万元，奖励 2016—2017 年度优秀学生 7 人共 0.8 万元；点线传媒有限公司捐赠洛特村委会价值 1.2 万元的告示牌；告庄海城集团、安徽混凝土搅拌有限公司捐资 25 万元将巴卡村委会完小校舍改造为村委会办公楼；西双版纳福山工贸有限公司、基诺大黑山石场、5 号石场、亚龙石场捐赠 4 万元慰问金及助学金；景洪城投共青团委发放助学金 1.2 万元。

　　2019 年，西双版纳雅居乐旅游置业有限公司捐赠 225 立方米砂石料，合计 3 万元，用于 3 个村民小组村内道路、排水沟、蓄水池等基础设施建设；哨哆哩文化旅游有限公司帮助建档立卡贫困户阿扫修建卫生厕所，安装太阳能热水器、电视信号接收器，添置茶几、电视柜等物品合计 0.6 万元；景洪市农业广播电视学校到茄玛村委会开展省级新型职业农民培育（种植专业技能培训），共计 2.9 万元；云南红牛维他命有限责任公司为巴亚、巴来村委会发放 2 万元助学金及慰问金；金穗公司为巴来村委会发放化肥共计 1.6 万元。

　　2019—2020 年，借助沪滇帮扶项目资金 100 万元，共完成 1 个蜂养殖项目建设、新建橡胶屯放池 400 平方米、排污三面沟盖板 450 米、排污三面沟 700 米、

1个规模化特色生态猪养殖试点项目、1个百香果种植基地、1个村委会集体经济鱼塘养殖项目、1个村集体经济杞果种植项目、3个过滤池、1个拦水坝、2个蓄水池、4850米水管铺设、1个垃圾池、10盏路灯、户厕、妇女之家及合作社建设。这些项目的建设有效地促进了产业化发展，壮大了村集体经济，支援了抗旱工作，及时解决了村小组受到的旱情影响问题，极大地改善了村内人居环境。

……

"万企帮万村""企业＋农户"，源源不断的支援从四海八方涌来，支援中华民族的小兄弟基诺族，各族兄弟紧密地团结在一起，奋斗在一起，只有一个目标：各民族一起繁荣富强，实现中华民族伟大复兴的中国梦。基诺族感恩各族兄弟的温暖关怀，他们更明白，脱贫还需靠自身动力。

云南省军区援建景洪市扶贫项目（基诺乡茶厂）
（供图：基诺族乡政府）

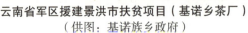

 内生动力自立自强

贫困地区发展要靠内生动力，如果凭空救济出一个新村，简单改变村容村貌，内在活力不行，劳动力不能回流，没有经济上的持续来源，这个地方下一步发展还是有问题。只要贫困地区干部群众有走出贫困的志向和内生动力，有更加振奋的精神状态、更加扎实的工作作风，坚持自力更生、艰苦奋斗，就能够凝聚起打赢脱贫攻坚战的强大力量。

习近平总书记强调，要输血和造血相结合、内外结合发展、变"要我发展"为"我要发展"、扶贫先扶智、阻断贫困代际传递、重视干部群众的首创精神等。只有激发群众的主体性意识，形成内生动力，才能实现长久有效的脱贫致富。

基诺族乡特别注重对贫困群众内生动力的激发，全力借助"万吨水泥进农村""爱心超市"、扶贫文艺会演、主题党日、政策宣讲、"爱国卫生运动"等活动平台开展"自强、诚信、感恩"活动。每年定期开展表彰"脱贫光荣户""优秀扶贫干部""好婆婆""好媳妇""洁美家庭""平安家庭""文明家庭""巾帼致富示范户"等活动。

基诺族乡开展"自强、诚信、感恩"主题活动（供图：基诺族乡政府）

　　自强是生存之根，诚信是做人之本，感恩是和谐之源。自强、诚信、感恩始终是支撑我们中华民族生生不息的精神动力。为教育引导贫困群众革除"等、靠、要"思想，激发贫困群众内生动力，树立"勤劳致富光荣"的思想；着力解决贫困户陈规陋习等问题，提高文明素养，引导贫困户脱贫感恩新风尚；增强建档立卡户感党恩、听党话、跟党走，自立、自强、诚实、守信意识，基诺族乡持续开展"自强、诚信、感恩"主题活动。开展主题文艺扶贫下乡共计 15 余场，通过文艺演出、政策宣传、知识问答等方式，进一步激发贫困户脱贫内生动力；每个村组每周利用喇叭宣传 1~2 条扶贫政策，录制基诺语扶贫知识音频在各村播放，将相关政策宣传到村、到户，做到了家喻户晓；深入开展移风易俗，制定村规民约，摒弃陋习，充分运用"爱心超市""万吨水泥进农村"工作不断加大环境卫生整治，鼓励自强自立，消除群众思想上贫困的"枷锁"，变"坐等小康"思想为"我要小康"思想，激发广大农村群众爱党、爱国、爱家乡的真挚情怀，增强了困难群众自我发展意识，着力解决贫困户"等靠要"思想较重、主动脱贫意识不强等问题。

　　多重宣传相结合的方式，既让贫困户感受到了国家的关怀，又激发了贫困户重拾生活的信心，使贫困户从根本上转变观念，真正做到"脱贫不能等靠要，齐心摘除贫困帽"。

　　"爱心超市"是激发群众参与性的一大亮点。以"积分改变习惯、勤劳改变生活，环境提振精气神、全民共建好村寨"的思路，设立"爱心超市"，"小积分"激发"大动力"，"爱心超市"实施以来，群众争着赚积分，不仅环境改变了，村里的风气不断好转，大家的文明素养也在不断地提升。驻村工作队深入村寨帮扶，"面对面""手把手"指导村民学会刷牙洗脸、整理被褥、归置衣物、使用户厕、清扫卫生等，定期组织村民学认汉字、学讲普通话，让他们会使用手机、看得懂电视新闻，更好地与外界交流。基诺村寨人居环境实现了从以前的"进村脏得下不了脚"到如今的"进门干净得不忍心下脚"的历史性转变。

2019—2023 年，基诺族乡"爱心超市"共评分 30.25 万分，2020 年评选为优秀（黄榜）213 户次，较好（蓝榜）9588 户次，不合格（红榜）126 户次，兑换价值 29 万元商品，兑换率 95.87%。积分奖励机制有效激发了贫困户的内生动力，使其积极参与环境卫生整治活动，逐步养成良好的生活习惯，提升生活质量，让农村居住环境得到较大改善。基诺族的能力素质也在"爱心超市"赚积分的活动中得到锻炼提升。

　　基诺族乡秉持着强化基建提升人居环境建设家园要人人参与的思路，2018年起开展"万吨水泥进农村"，积极动员，鼓励贫困群众加入提升人居环境的队伍。截至2023年，基诺族乡共申领水泥2170吨，涉及农户2020户，其中建档立卡贫困户172户，共完成村内道路及串户路硬化40467.05平方米；庭院地板硬化30686.63平方米；排水沟3067.9米及少量化粪池、胶池、花池、户厕、围墙等，乡村人居环境得以改善，"基诺山是我家，爱家靠大家"的观念深入人心，大家共建美好家园的劲头越来越足。

　　让更多贫困群众参与，开展"以工代赈"，通过劳动获取报酬，激发其脱贫致富的内生动力。基诺族乡深刻把握"以工代赈"的本质特征，坚持加强扶贫同"扶志""扶智"相结合，把组织群众务工、发放劳务报酬、激发内生动力作为"以工代赈"工作的根本要求，2019—2020年投入33.14万元开展"以工代赈"工作，共有436人参加，带动受益户288户1027人次，共完成村组道路管护39.5千米；村集体林、鱼塘管护149.85亩；人居环境整治、提升5375平方米；河道清理13.05千米；完成7个村委会23个点17.5千米生产道路的修缮工作。确保参加贫困户户均增收近千元，切实提高收入并进一步激发了贫困户的内生动力。

景洪市基诺族乡"爱心超市"兑积分改陋习（供图：基诺族乡政府）

要"输血"，更要"造血"。提升"造血"功能关键在于提升基诺族的综合素质和发展技能。"直过民族"人均受教育年限低于全市平均水平，聚居区适龄儿童入学率偏低，辍学率偏高，劳动力文盲多。由于长期封闭，还有47人不能熟练使用国家通用语言，有的不愿、不敢与外界交流。"直过民族"多数仍沿袭传统粗放的生产生活方式，部分群众不善于当家理财。针对"直过民族"聚居区社会发育程度低、群众自我发展能力弱，全面加快教育发展，强化职业技能培训和劳务输出，提升"直过民族"综合素质是重点。挂联单位充分利用自身优势，创新帮扶模式。景洪市农科局通过专业技术优势协同乡产业扶贫办对贫困户开展技能培训，在7个村委会13个村小组集中开展为期4个月的以建档立卡户为主要培训对象的农业产业巩固提升技术培训，此轮培训共开展38期，1542人参加，其中建档立卡户477人次，以提升贫困户技能的方式提高其收入；市委组织部帮扶31万元，用于发展巴来村委会165亩"冬试早"柚种植，以现代化滴灌种植的方式发展集体经济；市人大投入30万元对巴卡村委会活动室进行现代化改造，力争把巴卡村委会打造成集决策议事、学习培训、便民服务、文化娱乐等多功能于一体的活动阵地。

一方贫困，八方帮扶，沪滇帮扶、东部帮西部、城市帮农村、山区帮坝区、党员干部帮贫困群众，帮扶的重要原则是坚持贫困群众脱贫攻坚的主体地位，充分发挥贫困群众的积极性、主动性和创造性，提高自我管理水平和发展内生动力，立足自身，实现脱贫致富。在得到帮扶的过程中，基诺族迈开步子大步向前奔跑，补齐短板，和各族人民一起，奋勇创造美好的生活。

 基诺山的扶贫感恩纪实

贫困之冰，非一日之寒；破冰之功，非一春之暖。中国的扶贫之路，是千千万万奋斗在扶贫一线岗位上的党员、干部和群众一步一步脚踏实地走出来的。在基诺族扶贫的艰辛岁月中，有血有泪，也有欢笑和感动。许多深刻难忘的场景，许多朴实可爱的"活雷锋"，许多值得骄傲和传颂的事迹，基诺族人民不会忘记，大家也不会忘记。

时刻谨记党员先锋的基诺族同胞罗阿英

全国人大代表罗阿英是基诺族乡洛克村党总支书记，于1995年入党，她爸爸也是村上的干部，优秀党员，她说："父亲曾教导我说：'以后一定要好好读书。'我记住了父亲的话，成为寨子里第二个读到高中毕业的人。小时候经济条件差，上高中不容易，家里面辛苦存钱，或者借钱交学费，然后慢慢还，这些我都看在眼里。从小我就受父亲的教诲，接受党的恩情，因此也下定决心做一名党员为老百姓办实事。"2003年，她进入村委会，从事基层领导工作。为了帮助群众解决问题，罗阿英踏遍了村村寨寨，从泥土路到水泥路，见证了基诺山寨的变化。

整个洛克村委会有7个寨子，2017年，全村还有建档立卡贫困户36户130人，整村脱贫工作受基础设施薄弱所限，特别是位于小黑江沿岸、进村道路崎岖坎坷的毛娥老寨、阿窝饶两个村民小组。以前不通桥不通路，要下乡去这两个寨子的话，需要有人两头接应，途经一座只能一人通过的吊桥，这边的人下了桥，然后那边的人再上桥，才过得去。群众连出行都困难，更别说将大量的农产品运出村去销售，脱贫攻坚任务非常艰巨。

为了改善条件，小黑江修了双车排过的大桥。在修大桥的时候更是艰苦，两边推路的时候塌方特别厉害，土质也很松，一下雨就会发生泥石流，非常危险。罗阿英作为领导要经常下乡，每个月要去几次，只要老百姓有事她都去。那时候经常看见石头从山坡上掉下来，但是为了解决群众的困难，她甘愿冒着生命危险前去。她说："我是一名党员，做事情或者想事情都要想在最前面，想到最好、做到最好，因为这是我对党的信念。"

"她经常带着扶贫工作队队员到我家，几乎每周一次。"在建档立卡贫困户何志强心中，罗阿英是支书，但更像自己的大姐。2013年，罗阿英和扶贫工作队根据他家情况，为他量身定做养殖脱贫的路子，并帮他申请了30多头猪崽。没有过不去的坎儿！何志强于2017年底实现脱贫。

135

在罗阿英四处奔走、多方争取下，毛娥老寨村小组11千米的进村路终于在2019年初得到硬化，阿窝饶小组13千米崎岖的进村土路也得以初步平整。村民出行不再难，农产品也卖得出去了，外面的商户进村寨收购茶叶也很方便了。

正因为在基诺山长大，罗阿英对家乡和基诺族群众饱含深情。她一直想通

过自己的努力，让乡亲们的生活好起来。如今，她的愿望实现了，茅草房变成了砖房，家家户户都有了安全稳固的住房，无危房户；坑坑洼洼的泥巴路变成了平整的水泥路，有的村民买了摩托车，有的买了汽车；农村贫困人口因病致贫、因病返贫问题也得到解决……基诺山的日子越来越好，村民们的吃穿、教育、医疗、住房等问题都得到了妥善解决。

作为人大代表的她深知肩上的责任，她不能辜负基诺族群众的殷切期望，要把基诺山的声音带到北京去。她希望通过自己的力量，实实在在地解决基诺族群众的困难和问题。

 ## 把家安在驻村点的大学生"村官"谢梦云

2015年9月至2023年，在景洪市基诺山基诺族乡巴亚村民委员会担任大学生"村官"（其间，2018年3月至2019年8月被选派为景洪市基诺族乡巴亚驻村工作队队员），现任基诺山基诺族乡巴亚驻村扶贫工作队第一书记，曾荣获西双版纳傣族自治州扶贫开发领导小组颁发的"扶贫好'村官'"荣誉，西双版纳州人民政府第三次农业普查领导小组办公室颁发的"先进个人"称号，景洪市扶贫开发领导小组颁发的2019年度景洪市扶贫工作"扶贫先进工作者"称号。

2015年到2019年，整整4年时间，谢梦云从考上大学生"村官"岗位到巴亚村驻村的那一天开始，她从未脱离岗位，始终坚持在基层第一线。

2015年11月以来，谢梦云就一直致力于基诺族乡巴亚村精准扶贫工作，无论是完善信息材料，还是走村入户调查收集信息，她都一直参与其中。为了尽快融入基层工作，了解巴亚村贫困户和村委会的情况，在没有交通工具的情况下，只要有入村需要，她的丈夫就会骑着摩托车送她入村开展工作。为了更好地开展驻村工作，谢梦云开始学习骑摩托车，在学骑摩托车的过程中，她摔了无数次跤，但她并没有因此放弃。学会骑摩托车后，她自己在扶贫之路上一骑就骑了3万多千米，无论晴天雨天，她都进村入户实地了解每户的基本情况和基本需求，认真解答贫困户的问题，积极宣传国家的扶贫政策和惠民政策。

2016年，在得知扎果村建档立卡贫困户周林病重后，谢梦云多次带着营养品进村看望周林，并积极向乡、市扶贫办咨询医疗救助政策，为周林申请医疗救助，还发动村委干部、党员，组织捐款救助。谢梦云经常去照顾和看望周林，只要一周没去，周林都会问值班党员以及村干部"'村官'什么时候来看我"。

贫困户的惦记就是对一位扶贫干部的认可。

2017年，为了完成巴亚村产业扶贫项目，谢梦云逐户了解贫困户需求，完成产业扶贫项目前期调研工作。工作4年多来，没有任何资源的她，仅仅只是"村官"，无法为巴亚村争取更多项目。但是她一直兢兢业业为巴亚村民服务，她的足迹遍布巴亚村的每一个角落。在秋收繁忙的田间地头，在晚归休憩的农户家中，随处可见她忙碌的身影。在深入调研、广泛征求意见的基础上，她协助帮扶责任人制订了帮扶工作规划和年度帮扶计划。经常加班加点、工作到深夜，4年多来，已记不清流了多少汗水，加了多少次班，吃了多少桶泡面，也记不清多少次冒着高温、酷暑，狂风、暴雨，行走于贫困户之间。村里的每一户贫困户的基本情况、住址所在、致贫原因、帮扶措施、帮扶联系人等信息，她了如指掌，比包片的村干部还熟悉。即使在得知自己怀孕后，为了扶贫工作能够顺利推进，谢梦云依然选择投入扶贫工作，一直坚持到预产期。作为前期巴亚村动态管理材料员和巴亚中寨村小组动态管理负责人，谢梦云孕期依然行走在巴亚中寨每一户农户家，有一次在入村路上因路滑差点整车翻入山沟，但她没有怨言，也没有主动提出过调换工作岗位，她这种不怕牺牲、忘我工作的精神深深地打动了巴亚村的干部群众，赢得了他们的拥护和爱戴。

谢梦云以严谨认真的工作态度全力做好全村贫困对象动态管理工作，完成"错评、漏评、错退"初筛工作、贫情分析会议和四类重点人员入户工作，并在规定时间内完成动态管理入户88户，达到全覆盖，并按时完成各项痕迹材料上报。

2018年是巴亚村委会作为贫困村脱贫的重要一年，这一年，巴亚村整村脱贫面临十分艰巨的任务。巴亚村委会如期脱贫是基诺族乡践行全面建成小康社会的底线任务，是我们党作出的庄严承诺。言必信，行必果，谢梦云虽然不是正式党员，但是她听党话、感党恩、跟党走，一直记得党作出的承诺，也已经是入党发展对象。在休产假期间，为了能更好地、更快地开展脱贫攻坚工作，只要是业务培训她都会积极参加，从未因个人原因请假。

为了踏实工作，也为了襁褓中的孩子，在村干部的同意下她举家驻村在巴亚村委会。她时常带着孩子进村入户，开展贫困户信息核实、人居环境提升、危房改造动员等各项工作，也会在孩子的哭声中，离开孩子，走村入户。在大家的努力下，2018年底，巴亚村委会完成了整村脱贫任务，给党和人民交上了一份满意的答卷。

2019年，经过组织培养，她成为一名真正的共产党员。2019年8月，她也成

了巴亚驻村第一书记，2019 年以来，她被指派担任 2 个支部的党建指导员以及协助巴亚党总支党建工作，她指导 2 个支部积极开展"党员亮身份办实事"活动，为茶地村小组、扎果村小组建档立卡贫困户及动态监测重点对象办实事，组织党员为贫困户切腰家收稻谷，为扎果村动态监测重点对象阿明家收玉米，组织党员助力提升人居环境工作，扎果村党员多次帮助贫困户打扫、整理家庭卫生，组织党员清理村内垃圾池等工作。作为第一书记谢梦云按照要求不仅集中培训党员使用"云岭先锋"APP，更是到 6 个支部手把手教党员使用，有效促进巴亚村党建工作规范化、制度化。在全市推进"爱心超市"工作以来，谢梦云带领党员以身作则，到党员家中指导党员整理、收拾居家环境，为群众做表率，经过努力，巴亚村党员家庭环境及普通农户家庭环境都有了大幅提升，村内环境也变得干净整洁。

到 2020 年脱贫攻坚收官之际，她主抓人居环境提升工作。2019 年，她所主抓的茶地和巴亚中寨两个村小组村内卫生和家庭卫生都有了质的提升。2020 年，她主抓巴亚村委会环境最差的扎果村，进扎果村 30 余次，大大小小的会议她都尽量参加，只要有机会就开始和村民交心谈心，开展"扶志""扶智"教育，还同村"两委"干部一起进村，组织群众多次开展环境卫生大整治，甚至亲自带着村干部、党员入户帮助贫困户、边缘户打扫和整理家庭卫生。她一次又一次进村，一次又一次入户做工作，只为给她热爱的基诺族人一个更好的人居环境。

2019 年 3 月到 2020 年，她可以带着孩子一天走完 6 个村小组的贫困户和边缘户，从未因为带孩子等个人原因影响各项工作，甚至很多工作都是提前完成的。为了更好地完成各项工作，即使婆家和娘家都和她在同一个乡镇上，她都很少回那"两个家"，她把家安在了自己驻村点，真正地把驻村点当作自己的家，沉下心、静下心完成自己的使命。一起在基诺族乡驻村的战友们总是开玩笑，到洛特村委会驻村也没见过谢梦云回家，她却总说："我的队友们都是单位的人，好不容易来到版纳服务，周末得让他们和单位人交流交流的，他们迟早是要回单位的，而我到哪儿都是重新开始，一切从头再来。我也愿意利用周末多走走，毕竟周一至周五，各部门上班了，驻村工作需要配合的也多，很难有时间好好走访贫困户，只能利用周末。"

谢梦云，一个朴实的基诺族人才，一个兢兢业业的基诺族大学生"村官"，曾经怀有 9 个月身孕依然奋战在脱贫攻坚第一线的基层干部，她吃苦奉献的顽强精神，她扎实认真的工作态度，一直激励着乡里奋战在脱贫攻坚一线的工作队员，他们共同推进着基诺族乡脱贫攻坚工作，为基诺族乡打赢脱贫攻坚战助力。谢梦

云同志用一颗赤诚之心诠释了一名共产党员肩负的责任和使命，用实际行动践行着对党的庄严承诺！

 ## 带领群众发展产业的村民小组组长周志刚

巴朵村民小组是一个典型的山区村，平均海拔在 1000 米以上。世居这里的基诺族群众生活在山区、半山区，收入来源以种植茶叶、橡胶为主。海拔高、气温低，"种一山坡收一箩箩"成了该村的真实写照。为了不让任何一个民族掉队，为了基诺族群众早日富裕起来，多年来，各级政府加大扶持力度，不断引进先进的种植、养殖技术，为村民发展创造条件。

村小组组长周志刚说："我们村有茶叶面积 1056 亩，年产量可达 48 吨，但由于是台地茶，价格不高，这影响了村民生产的积极性，生产加工的随意性又进一步影响了价格，这就形成了恶性循环。"作为村小组组长的他一心想着要带领村民谋发展，他说："村小组组长的责任，就是要带领每一个村民都发展起来，让村民们都过上富裕的好日子。"

为了改变现状，周志刚确立了"走好茶叶路，才有好出路"的思想，鼓励村民成立茶叶初制所，并请来勐海县的专家、技术员对村民制茶工艺进行培训。通过几年的努力，巴朵村的生态茶逐渐打响了品牌，春茶上市时，不打农药、加工规范的干毛茶比普通工艺的干毛茶每千克价格高 2~2.5 元，这极大地提高了村民种茶的积极性。

2013 年，巴朵村民小组在各级政府的帮助下成立了村残疾人茶业合作社，打算通过组织村内 22 名残疾人进行采茶创收，帮助他们实现自我价值，提高生活水平。"如果没有村残疾人茶业合作社，我不知道还要消沉到什么时候。" 48 岁的玉仙，年轻时因砍柴发生意外落下了残疾，因为干不了重活，家庭收入也渐渐减少，此后意志消沉。自从加入了村残疾人茶业合作社，玉仙又找回了自信，他积极参加劳动、努力面对生活。玉仙还以自己的事例开导年轻的残疾同胞，帮助他们正确看待生活，久违的欢乐又回到了玉仙家。

139

"作为一名基层干部我深有体会，村干部每月只有几百元钱的工作补助，却需要为村里的大事小情奔波操劳：要想办法为群众增收，要建好活动场所，要落实好政策补贴，有时候还要调解家庭矛盾，根本顾不上自家的农活家务。但村里每一件事情都直接关系群众切身利益，没有点奉献精神是不行的。只有办好了

这些小事，才是对群众负责、对自己负责。事关群众无小事。"周志刚说。

为了解决村小组残疾人茶业合作社经费问题，2014年3月，周志刚拿出了自家的12亩茶地免费租给合作社，并按市场价回收社员们采摘的茶叶。仅免费租出茶叶地一项，周志刚家每年就要损失2万多元，可他毫无怨言。他说："巴朵是一个大家庭，友爱互助是我们的传统，不能让任何一个村民掉队。"

他作为一名村干部，踏踏实实地干事，默默为群众奉献。他认为不要想着要做出多大的成绩，而是要从实际的每一件小事做起，赢得村民的信任，才能更好地开展工作，才能带领大家一起脱贫。

全心全意为人民服务的党员干部车慧芬

车慧芬是基诺族乡畜牧兽医站站长，是一名土生土长的基诺族党员女干部。2015年基诺族乡打响精准扶贫攻坚战以来，车慧芬立足本职，甘于奉献，严格按照精准扶贫工作统一部署，全身心投入扶贫工作，先后承担基诺族乡茄玛村委会贫困对象动态管理工作队员，基诺族乡产业扶贫领导小组办公室副主任。2018年，基诺族乡成立产业扶贫领导小组办公室，并设在农业综合服务中心，车慧芬同志担任产业扶贫办公室副主任，作为畜牧兽医站站长、产业扶贫办副主任，她知道责任重大。为因地制宜、因户施策地做好产业扶贫工作，为产业扶贫方案提供依据，车慧芬同志积极协调有关部门组成调研组，对2017年新识别建档立卡户开展农业产业扶贫前期调研。调研组在村委会、村民小组干部及驻村工作队员的配合下，以进村入户的方式进行，就建档立卡户的家庭成员情况、生产生活状况、劳动状态、致贫原因、现有产业结构、收入构成、可开发利用资源情况及产业发展意向做了详细了解。听取了贫困户农业产业发展愿望，对农业产业发展前景进行现场评估，就建档立卡户未来的农业产业发展提出建议。一家一户，她带领调研组走遍了17个村小组，共走访2017年新识别建档立卡贫困户20户，走访过程中，调研组认真完善精准扶贫农业产业到户信息表，为乡党委、政府精准扶贫、精准施策提供依据。

车慧芬深知精准扶贫就是要精准到户，按照每一位贫困户的需求和自身情况，针对性地制定脱贫方案。调研结束后，车慧芬同产业扶贫办工作人员认真汇总、分析调研情况，并亲自草拟调研报告和产业扶贫方案建议稿，此报告和建议稿为后来的产业扶贫方案定稿以及实施提供了有力依据。2019年，景洪市人民

政府下拨基诺族乡专项扶贫资金 40.55 万元，其中产业扶持资金 38.35 万元、产业培训经费 2.2 万元。她积极组织产业扶贫办工作人员对贫困户挨家挨户地进行调研，根据产业发展情况，草拟产业扶贫实施方案。通过对登记遴选企业进行比较分析、征询企业意愿和综合评估，乡产业扶贫工作领导小组确认西双版纳天源林中药材种植有限公司作为 2019 年产业扶贫项目合作经营主体，项目支持西双版纳天源林中药材种植有限公司开展石斛、滇重楼、紫花三叉白及、黄精、鸡血藤、滇橄榄、美藤果等名贵中药材原生态林下种植、加工、销售经营。通过建立"企业＋农户"产业发展模式，建立起贫困户与企业融合发展新模式，为建档立卡户 195 户 651 人产业可持续发展奠定基础。

脱贫攻坚，最终的落脚点是产业，最根本的途径是发展提升产业。产业扶贫工作是一项重要而又艰难的民心工程，既艰巨又复杂，既长远又紧迫，有产业支撑，才能从源头上解决贫困问题，拔掉"穷根"。车慧芬同志深知无论是哪个环节都要认真对待，要切实增强做好产业扶贫工作的使命感责任感，把产业扶贫作为脱贫攻坚的主攻方向和重点举措，抓紧抓实抓好，为打赢脱贫攻坚战提供可靠保障。在了解到基诺族乡 2017 年新识别的建档立卡贫困户 21 户 52 人当中，有 5 户 11 人缺乏劳动力、缺少土地，车慧芬同志就积极和贫困户沟通，建议发展中蜂活框养殖产业。蜂群成功安家后，车慧芬同志积极主动协调有关技术部门走村串户指导蜜蜂养殖技术，手把手传授专业知识，并亲手将不科学养殖中的错误问题纠正过来，考虑到与年纪稍长的基诺族老人沟通存在些许障碍，工作人员采用做实验的方法将理论与实践相结合传授经验。养蜂技能是一个循序渐进的过程，一次入户指导不一定能解决全部问题，因此，车慧芬同志经常到有蜜蜂养殖的贫困户中指导。

基诺族乡属纯山区，村寨分散，交通条件虽有改善，但仍有部分村寨山高路滑。发放扶贫物资时正值雨季，乡镇工作不比城里，在基层事业单位没有配备司勤人员的条件下，车慧芬同志只能亲自驾车下乡，将为贫困户采购的猪、鸡等物资亲自送到家门口，送进鸡窝猪圈。

为做好农业产业扶贫项目后续跟踪服务及建档立卡户农业产业技能的进一步巩固和提升，她组织产业扶贫办成员单位，对建档立卡户的培训需求、技术需求进行了调研，在深入了解全乡 196 户 653 名贫困户的生产及生活状况的同时，根据贫困户对农业产业发展技术的需求，积极协调州、市、乡三级技术人员，为贫困户开展茶叶加工、生猪养殖、蜜蜂养殖、橡胶管理、水果（杧果、柚子、

三月甜李、澳洲坚果）种植管理与修剪技术、农药安全使用规程等管理技术的培训工作，共牵头组织开展各类农业产业技术培训 84 期，3891 人次参加培训，其中建档立卡户参训 1328 人次。同时，为做好技术咨询服务，她组织走访全乡贫困户 111 户，把技术服务送到了田间地头，为基诺族乡产业发展注入科技力量，使得扶贫项目落地开花。

2018 年打响非洲猪瘟防控战以来，车慧芬同志作为畜牧兽医站站长、基诺族乡非洲猪瘟应急指挥部办公室副主任，积极投身于非洲猪瘟防控攻坚战。她深知生猪养殖产业是脱贫攻坚的一项重要产业，一旦有非洲猪瘟疫情，将对脱贫攻坚工作造成极大的打击，做好非洲猪瘟防控就是为脱贫攻坚做服务、作贡献。基诺山生猪散养户多，存量 8000 余头，一旦有非洲猪瘟疫情发生，将带来巨大的损失，影响群众的生产生活。在非洲猪瘟防控工作中，她为非洲猪瘟应急指挥部出谋划策，草拟制定有效的实施方案、应急方案、网格化管理制度等有效措施。在非洲猪瘟防控期间，她 24 小时待命，按照有关要求亲自带队对病猪、死亡猪只进行采样。在有网格化人员报告有生猪生病或死亡的情况下，为不让群众恐慌，她第一时间到场进行采样并开展无害化技术指导。为防止群众被误传信息造成恐慌，她积极开展非洲猪瘟科普知识的宣传教育与舆论引导，使群众正确对待非洲猪瘟防控工作。她积极协调有关部门做好联防联控，在工作中积极主动和有关部门协调沟通，加强协调联动，使得有关部门积极地参与到联防联控中。目前基诺族乡没有生猪异常死亡现象，是非洲猪瘟的一片净土。非洲猪瘟防控工作取得了实效，车慧芬同志功不可没。

在工作中车慧芬身体力行做垂范，和所有工作人员一起奋斗，冲在基层工作的第一线。草拟产业扶贫调研报告、产业扶贫实施方案、拟订物资采购清单、物资发放、入户走访等工作十分琐碎和辛劳，但她没有一句怨言，不计得失，不挑轻重，恪尽职守，任劳任怨。在她的带领下，所有工作人员也齐心协力，认真负责。她真正发扬了不怕苦不怕累、全心全意为人民服务、巾帼不让须眉的精神。

车慧芬同志身为一名女子，练就了一身基层工作本领，以艰苦奋斗、爱岗敬业的工作热情，献爱于农村，服务于农民，在带领广大群众脱贫致富的进程中，时刻体现着一名共产党员的先进性和真正本色！无愧于胸前的党员徽章，她无愧于人民，无愧于曾在党旗下立下的誓言。

 ## 民族团结助力脱贫的哈尼族驻村工作队队员陈磊

陈磊是西双版纳机场综合监察大队的哈尼族同胞，2018 年被派往基诺族乡开展驻村扶贫工作。政治素质过硬、工作能力突出的陈磊成了洛特村驻村工作队队员。按照各级党委、政府关于"挂包帮、转走访"精准扶贫工作的要求，西双版纳机场挂钩帮扶景洪市基诺族乡洛特村委会，对村委会下属的洛特老寨、巴贵两个村小组 7 家贫困户开展结对帮扶。

洛特村委会为贫困行政村，全村辖洛特老寨、洛特二队、毛娥老寨、普米、巴贵、阿窝饶、普希老寨 7 个村民小组，共有建档立卡贫困户 36 户 132 人。洛特村的基础设施非常薄弱，村委会距离乡政府驻地 21 千米，毛娥老寨、阿窝饶两个村小组位于小黑江沿岸，从村委会至毛娥老寨村小组、阿窝饶村小组分别有 11 千米、13 千米，有近 8 千米的进村道路仍为土路。洛特老寨村小组距离村委会驻地 35 千米。自驻村扶贫工作开展以来，陈磊同志与其余驻村工作队员一起，足迹遍布每一个自然村，每一户贫困户。从皮卡车到拖拉机，从摩托车到步行，陈磊一直秉持着树立全心全意为人民服务的宗旨意识，克服困难、深入群众，与贫困户交心谈心，通过走访党员、干部和群众，更深入地了解村情民意，切实摸清贫困户家底，找准致贫原因和帮扶需求，切实做到"因人因地施策，因贫困原因施策，因贫困类型施策"。工作队无数次深入贫困户家调查登记问实情，实实在在地进到村蹲到户，做到底数清楚、对象明确、方向准确。梳理汇总贫困户的基本情况，致贫原因，按一户一方案的要求来制定帮扶计划。把贫困户当作家人、亲友，动真情、扶真贫、真扶贫。

作为驻村扶贫工作队中的一员，陈磊同志主动承担急难任务，敢于担当、敢于迎难而上。白天走村串户，实地察看；晚上加班加点，挑灯夜战。截至2019 年 9 月 1 日，陈磊同志走访自然村 30 余次、入户调研 72 余次；编写驻村扶贫工作简报 38 篇；民情日记 40 余篇；编写报送洛特村委会贫困户需求统计表、驻村扶贫工作队情况统计表、月工作总结等各类文字材料 80 余份。陈磊根据贫困户实际情况，不断修订、完善单位帮扶计划，号召员工及社会各界捐款、捐物，主动、积极宣传扶贫工作。2019 年度户户清、项目库工作开展以来，陈磊严格按照工作要求按时按量完成了 2019 年户户清、项目库填写录入工作。

"农村富不富，关键看支部。"洛特村基层党组织存在文化水平低、党务

台账不齐、党员活动开展少等问题，而基层党组织又是党的战斗堡垒。陈磊同志来到洛特村以后，决心帮助村里规范党组织，发挥基层党组织的引领作用，积极主动地加强与贫困党员的沟通，强化党员的思想认识，发挥党员的先锋模范作用。他利用一切机会与村"两委"干部和党员交心谈心，广泛征求党员、群众、干部的意见，全面了解存在的突出问题，深入分析原因，找到整顿的突破口，并与驻村工作队员一同制定整改方案。以加强班子团结、增强凝聚力为抓手，定期组织班子成员进行学习，抓实"三会一课"制度，组织集中学习，按期开展组织生活会。老百姓白天忙于生产，他就利用晚上农忙之余，深入各村党支部，为他们上党课，给他们讲党章党规，耐心地指导他们开展组织生活会、党员大会等，强化思想教育，真正做到了党建促脱贫。

村民的生活习惯和卫生习惯较差，洛特村的人居环境是一个大问题。为了提升人居环境，助推脱贫攻坚，陈磊与驻村工作队、村干部、群众一起发扬"不怕苦、不怕脏"的精神，集中力量全面清理影响村容村貌的卫生死角，集中整治比较突出的环境卫生脏乱差问题；突击整治垃圾乱倒、污水乱排、杂物乱堆、粪土乱堆、禽畜乱放等"五乱"现象；平整道路，疏通沟渠；及时清理焚烧农村垃圾，组织群众对进户路、通组路及公共场所垃圾进行清理，做到村内无暴露垃圾堆。解决了洛特村环境卫生存在的脏乱差问题，破除了乱扔、乱倒、乱堆等陋习，提高了农村人居环境质量，改善了村容村貌，树立了良好文明新风尚。积极与帮扶单位沟通并结合景洪市开展"爱心超市"评比活动，在洛特老寨、巴贵村小组所有建档立卡贫困户和非贫困户每月评比结束后，对评分第一、二、三名的家庭进行公示。适当奖励一些与生产生活相关的物品，提高贫困户和村民参与人居环境改善的积极性，促使贫困户树立起劳动光荣思想，摒弃懒汉"等靠要"意识。

陈磊从来没有因为自己不是基诺族而与村民有隔阂，从他来到基诺族乡的第一天起，就把自己当作农村人，把自己当作一名基诺族人，与当地基诺族兄弟交朋友，为村民谋利益，把基诺族乡当作自己的家乡去建设。他践行着"民族团结一家亲，不让一个民族兄弟掉队"的宗旨，在工作中认真负责、刻苦努力，发挥主观能动性，全力推进各类帮扶项目的实施；在生活中严格要求自己，艰苦奋斗，不讲条件，不提要求，为老百姓踏踏实实地做好事，办实事。为基诺族同胞早日走出困境，早日实现脱贫致富的"小康之梦"贡献力量。

 ## 为脱贫事业奉献青春的女孩黎太纯

黎太纯是基诺族乡茄玛村委会的一个汉族小女孩。2018 年 3 月，黎太纯以茄玛村委会驻村工作队队员的身份加入了脱贫攻坚这场战役。茄玛村委会是一个典型的基诺族村寨，全村共 259 户 1001 人，其中建档立卡贫困户有 36 户 139 人，对一名工作经验不到一年的年轻女孩来说，要想立马融入村寨这个大集体、和村民打成一片，是十分困难的。

黎太纯同志深知作为一名外地汉族姑娘，若是对基诺民族语言、风俗习惯、历史传统、民族起源等情况不了解的话，则难以开展工作。因此，黎太纯同志通过"基诺族乡政务信息平台"查阅基诺族的文化起源、风俗习惯、民族语言、基诺人物、基诺歌曲、基诺乐器等信息；此外，还虚心向文化站工作人员、村小组干部了解基诺族的历史文化。在扶贫工作中，黎太纯坚守"扶真贫、真扶贫、真脱贫"的人生信条，认真对待每一项工作任务，绝不马虎，"走心"对待每一个困难群众，在扶贫工作中精准识别、精准评议、精准公示。

在没有到茄玛任驻村工作队队员时，黎太纯主动向之前所在村委会的村"三委"和村小组干部了解茄玛村的村情村貌、风俗习惯、工作难点等情况。当自己正式进入茄玛村委会后，主动学习党务工作者手册、农村政策法规等相关知识、主动向村委会、村小组干部取经，了解茄玛村的基本情况，明确自己下一步的工作方向。在两个月内访遍了茄玛村 36 户 139 人建档立卡户以及 40 户有代表性的非建档立卡户，如党员家庭、村干部家庭、低保家庭等；熟悉了解茄玛村 4 个村民小组的所有村干部，建立工作默契。

在实地走访中她摸索出了"扬长避短"的工作方法，即避开"经验不足"的短处，发挥"小年轻"的优势，以小孩子群体为突破点来破冰，以教育扶贫为带入点，逐步融入村民。她十分关注村内小学生的教育和周末生活，成立"周末课堂"。利用周末时间，把小学生聚集到村委会会议室，进行作业辅导；举办一些团队活动和白色垃圾清理活动，丰富农村小学生的周末生活。经过一年的努力，村里的小学生都亲切地称呼她为"小黎老师"，也成了村民时常称呼的"小黎"。抵达景洪市基诺族乡茄玛村委会脱贫攻坚的主战场，她便采取"扬长避短、逐一攻破"的工作战略。

初次面对一户"户主肢体残疾、户主配偶智力残疾、户主母亲高龄且患长

期慢性病，家庭重担只得落在一个比黎太纯同志还小一岁（1996年生）的年轻人身上的贫困家庭"时，她的内心充满了忐忑和刺痛感，究竟能为他们做什么呢？从反反复复的危房动员到危房质量把关；再到看到老人睡在简易木板搭建的床板上，她立即跟工作队队长反馈，协商用工作经费为其添置2张床；再到党旗飘扬，共同联合农业党支部入户为其打扫家庭卫生，教其分区域摆放物资、为其整理柴火垛、清理杂物、铺平庭院不平整的地面；再到残疾补助、低保申请，我们的这户贫困户从"好像说什么都听不懂"的状态到无论是黎太纯同志的"曲靖口音方言"还是快语速都能无障碍沟通。奶奶只会基诺语，不会说也听不懂汉语，可每次见到黎太纯同志，都亲切地拉着小黎的手，热情地说着小黎听不懂的基诺语感谢她。

刚毕业初来乍到的年轻小姑娘，在外人看来还是需要被照顾的对象，而黎太纯却毫不示弱，反而主动帮助困难群众。2018年7月2日，建档立卡户车都在劳动返回途中，从摩托车上摔掉进水沟里，碰伤了头部，黎太纯同志在接到电话后，第一时间赶到车都家中看望，看过伤势之后（伤势较重），主动劝说车都去景洪医院缝合伤口，并陪同其到景洪农垦医院做缝合和检查。毛娥新寨的左梅兰，其老公瘫痪在床，长期需要照顾，瘦小的她只能承担起家庭重担。从第一次黎太纯登门拜访的不待见，到多次入户、交心谈心、了解困难、反映诉求、积极争取低保，现在的左梅兰在村里见到黎太纯同志，都能热情打招呼，招呼进门坐坐，主动加微信。

茄玛村的危房改造是重要的脱贫任务。在第一轮贫困户走访中，发现巩固户罗文静，未脱贫户罗京军、白志军、车桂花4家的房屋建筑年代较久，疑似危房，但在住房系统里面却属于安全住房，在掌握这个情况以后，她主动跟驻村工作队汇报，经过协商后，以书面文件向乡城建部门汇报，申请第三方机构对这四家的住房进行鉴定；经鉴定，这四家的房屋被评为D级（拆除重建），现在已全部完成重建，四家人搬进了安全、漂亮的新房。多次入户走访，动员农户进行危房改造，建档立卡户资尾家的房屋被鉴定为C级，但迟迟未动工，黎太纯同志和驻村工作队队员知道主人的真实想法是"因其认为房屋建造年代久远且为木结构房屋，想要进行拆除重建"后，积极与城建部门进行沟通、协商，经过2个月的努力，资尾家的房屋终于动工，现已搬进安全温馨的砖混新房。

在致力党建促扶贫方面，黎太纯积极推进"云岭先锋"综合服务平台、手机APP的推广运用，尝试帮助群众解决扶贫政策宣传、信息传达与接收"最后

一千米"的问题。整改"软弱涣散"党支部，积极协助、配合党总支书记和党支部书记从思想上、作风上、行动上整改软弱涣散，一一对照支部毛病，开列"软弱涣散"整改药方。加快推进党支部达标创建工作。2018年，茄玛村需要完成少妞党支部、巴亚老寨党支部的达标创建工作，在完成目标任务的过程中，黎太纯积极组织各党支部书记共同探讨达标创建实施方案，对照达标创建台账目录、独立完成4个支部、1个党总支达标建立的52套台账资料。召集各村党支部书记及委员开展2轮达标创建业务培训、4次"云岭先锋"手机APP专题业务培训。

黎太纯努力做一名合格的党建指导员，努力以提升党员自身素养、积极发挥党员的带头作用来带动全村村民，开展好理论学习、政策宣传、村庄环境整治等活动。充分发挥党员带头作用，齐心协力发展壮大集体经济，助力脱贫攻坚战；积极协助党支部书记、团支部书记、妇女组长发动党员、团员、妇女三方力量采摘20亩集体经济作物，3天上午共采摘李子775千克，实现3406元的集体收入。与群众"同劳动"，深入田间地头，积极参与到集体经济增收的义务劳动中，2018年4月，和巴亚老寨党支部全体党员参与集体经济劳动，共同采摘790多千克李子；2018年8月，参与为集体经济橡胶林种植砂仁的集体劳动。

黎太纯还被村民叫作"便携式移动"的扶贫女孩。对于"直过民族"而言，政策宣传是重要的一个环节。如何让长期在深山之中，少与外界接触，文化素质较低的民族懂政策、理解脱贫的意义是黎太纯努力的方向。她努力做好政策宣传的代言人，哪里有政策宣讲、哪里有分歧不解，哪里就应该有扶贫工作者。黎太纯同志主动与驻村工作队探讨，仅仅依靠入户宣传、会议宣讲、理论学习，难以保障政策宣讲的最大受众面，需要结合农村实际探讨出一个低成本、常态化的宣传方法，经过探讨协商，决定利用好"村喇叭"，定时定点进行政策宣传。"村喇叭"向茄玛的群众讲解了危房改造、建档立卡户就业信息宣传、农业生产技能提升培训、基诺族乡建档立卡户应享受的一系列政策；此外，还有防汛知识、农业技术、通知通报、舆情权威发布、民族歌曲、时政热点，以及村务公开等大事小情。

黎太纯同志在工作岗位上，懂得量己审分；在估量、剖析自己的同时，省察本分、深入掌握工作岗位需要自己干什么、怎么干。通过平均每月都在27天的驻村相处，黎太纯同志已成为茄玛村村民中的一员，下载歌曲、写申请、修网络、作业询问、政策咨询等大事小情，村民都会来找黎太纯。

 ## 用自己的双手创造财富的先进脱贫户何志强

洛特村委会普米村的何志强是一名脱贫致富带头人。何志强所在的洛特村委会普米村小组，曾是基诺族乡最为贫困的村寨之一，全村 30 户人家年人均收入不足 3000 元。说起以前的生活，何志强满含辛酸，过去一家 5 口人就靠 2 亩多的茶地为生，卖茶叶一年下来也只有 2000 多元的收入，为了赡养老母亲，让孩子有学上，他和妻子只能靠帮村里人摘砂仁挣钱补贴家用，一年下来也几乎没有盈余。2011 年，基诺族乡看准时机，依托自然环境，率先扶持一部分贫困党员和群众发展小耳朵猪养殖，何志强成了扶持对象之一。

他曾说："在我的认知中人分三等，分别是富人、普通人、贫困户。曾经我是贫困户，现在我是普通人，我的目标当然是和大家一样做一个富人。"如今的何志强已经不再是依靠别人帮扶的贫困户，他要用自己的双手创造财富。

何志强家有 5 口人，因母亲残疾、两个小孩读书，于 2013 年被认定为贫困户。一直以来，他总是感受到村内外异样的眼光。因为穷，面临着有猪圈却买不起猪崽、有地却种不起经济作物的窘境。

2015 年开展精准扶贫以来，挂钩帮扶单位在多次入户调查后，结合他家的实际情况，分阶段地给了何志强家杧果苗 450 株、桃子苗 100 株、猪崽 37 头、尿素 8 包、玉米 14 包。从此，地里有了果苗，栏里有了猪崽，心里有了希望。

政府与挂钩单位给了猪崽与果苗，使何志强有了面对未来的希望，但是问题也随之而来：病虫害、长不大、猪生病。那段时间，他苦恼不已，不可能政府和挂钩单位刚发了东西到自己手里就被养死了吧，找村里种了一辈子地的老村民也无可奈何。无计可施时，他拨通了驻村工作队队员的电话，驻村工作队队员了解到情况后，立刻联系农科局与兽医站到村里帮他解决了这些让他束手无策的问题。后期也有了一次又一次的种植、养殖技术培训，让贫困户不断提高种植、养殖技术。

看着果苗渐渐长大、小耳朵猪出栏，日子不断改善，新房慢慢建成，小孩成绩优越，他觉得自己再苦再累也值得了。

在政府和挂钩单位的帮扶下，何志强终于在 2017 年底脱贫摘帽，从贫困户变成普通人。

何志强是村里最早尝到养殖扶贫甜头的贫困户之一，他说能在 2016 年迅速

发展起小耳朵猪养殖，还得感谢市农业和科技局对他的扶持和技术指导。为了继续提高自我"造血"能力，2017年他还从市农业和科技局申领了一批果苗，种植了15亩金煌杧、2亩澳洲坚果和100棵桃树。当记者问到，家里两个劳动力既搞养殖又发展种植会不会太累时，他乐呵呵地回答："不累怎么能盖起小楼啊！国家帮了我们那么多，自己还不努力就说不过去了，再说这日子想过得好，最终还得靠自己勤劳的双手。"

昨天流下的汗水，今天已结出了丰硕的果实。

以前，他住的是60平方米的房子；现在，住的是206平方米的小洋房。以前的黑白电视机现在换成了高清彩色电视机，小摩托车变成小汽车。全家全年人均收入从扶贫前的1141.5元提高到8399.4元。2012年到2015年，他家平均每年出栏30头猪，每年可以卖3万元左右，最好的就是2016年，养了60头猪，出栏46头，收入6万多元，比往年翻了一倍。

脱贫只是基础，致富才是目标。如果以当贫困户而自豪，那么，永远都扶不起来，永远也富不起来。

"扶贫先扶志"这是每次扶贫工作开会时都会提的一句话，但是作为曾经的贫困户何志强说："如果志气都要靠别人来帮扶的话，那么你还是不要让别人来扶你了，你继续躺着吧。脱了贫我就一直在思考如何致富，如何帮助还未脱贫的村民们一起走上致富之路。

我们处于山区，主要的经济来源是种植与养殖业，更多的是靠天吃饭，橡胶价格的持续走低与茶叶价格的不景气使我们原有的经济来源受到限制。但是，自扶贫以来，每个贫困户都有了上级部门发的果苗，已经形成了规模化种植。如此一来，我有了以下两点想法：

第一，注册自己的商标以及成立水果合作社，将原生态水果产品进行统一收购以及深加工，做成果干出售。

第二，将养猪场、养鸡场搬离村寨，统一进行管理与养殖，这样既提高了人居环境又实现了统一化管理、销售。

作为贫困户，想要脱贫致富，永远不能等着别人来帮，而是要自己主动去做！"

 ## 自强不息的精神"拔穷根"的脱贫先进户老雷

在脱贫攻坚决胜时期，有这样一些地方，这样一些人，他们虽被认定为贫困户，但不愿"等、靠、要"，决心稳扎稳打，用心做人、做事，用勤劳脱贫致富，让一贫如洗的状况成为历史，从而步入脱贫致富新时代。在景洪市基诺族乡巴亚村就有这样一些人，扎吕村小组的老雷就是其中之一。

老雷，景洪市基诺族乡巴亚村扎吕村小组贫困户，2014 年将他家纳入建档立卡贫困户，其家庭主要致贫原因是缺乏技术。目前家里只有老雷一个人，但他文化素质低，思想比较保守，没有发展的动力。在被纳入贫困户之前，家里主要靠老雷打临时工补贴家用，他父亲阿老一人留在家中，委托给他哥哥帮忙照看，老雷是个孝顺的孩子，老父亲虽然身体比较健康，但是年老了需要更多的营养，为了给父亲创造更好的条件，老雷一直在外打临时工，因文化水平低，也只能做一些工地里的散工，拿着最低的工资。

老雷从前常年在外打工，2017 年父亲去世后老雷回村扛起了家中农业生产的重任。由于常年在外，在村民眼中他是农业生产的"门外汉"，村干部也是多次反映说："老雷人很勤快，每天都去干活，但是就是干不出什么。"村民对他能不能搞好农业生产持怀疑态度。但老雷并没有受制于他人的眼光，他一边学一边干，一边学一边总结经验，寻找出路。

一直以来，因父亲年纪大，家中的产业都荒废无人管理，家中橡胶地、茶叶地由于缺乏管理早已杂草丛生，他回村后在亲朋的帮助下除草、施肥，重新实现了收益。刚开始，他这个"门外汉"的确遇到了很多困扰，看着附近别人的胶树刀口那么整齐，再看看自己被割得面目全非的胶树，他急在面上痛在心里。驻村工作队了解这个情况后，立即组织开展割胶技术培训，在培训老师耐心细致的讲解下，也在其他村民的热心帮助下，他的割胶技术有了很大的提高，现在的老雷割起胶来得心应手。在自身劳动力不足的情况下，他也对部分橡胶地进行更新，栽种扶贫水果苗。

由于没有扎实的农业技术，回来一年，家中的种植业也一直没有起色，自己每天还很累。老雷意识到要靠自己种橡胶、柚子来增加收入，实现脱贫，至少还要等 3 年，3 年后自己已经 50 多岁，哪里还有体力、精力割胶。

为了早日摆脱贫困，他没有"每天靠着墙根晒太阳"，等着小康送上门，

而是一心想着如何能够利用好政府的帮扶政策、资金脱贫致富。他一直琢磨怎样丰富增收渠道，想起自己原来收过废品，也认识一些老板，再加上村内这几年进行了人居环境提升工作，很多可以回收的物品堆放在家中，影响美观，看到村中被随意丢弃的塑料瓶、纸板后他寻到了商机。

在驻村工作队和村干部的鼓励下，老雷说做就做，开着拖拉机就在村中收起了废品，把村民家中的酒瓶、水瓶、纸板等收集起来集中出售。这样既保护了村内的环境也给他自己带来了经济收益，他成了村里的"环保卫士"。老雷收废品的足迹已经遍布了全乡各地，他也有自己的"生意经"，那就是诚信，绝不缺斤少两。现在的老雷，晴天凌晨割胶，上午收胶，下午出去收废品，因为老雷为人老实厚道，附近村民都愿意将家中的可回收物品出售给老雷，村民们都是将物品收集好再给老雷打电话，从未让他跑空，相反他收都收不完。2019年，适逢旱灾来袭，他依靠着收废品生意成了巴亚村建档立卡户中收入最稳定的一户。

他说："并不觉得贫困户是多么光荣的事情，现在政策这么好，总不能坐享其成等着别人给，别人给的始终没有自己劳动得来的踏实。"他还表示，现在他信心很足，将来他会不断扩大自己的回收废品生意，自己购买货车，把橡胶、柚子、桃子管理好，多渠道增收，在扩大种植业的同时也将回收废品的生意进行扩张，两头抓，自力更生。

2018年，扎吕村小组积极响应党委、政府号召，开展"美丽乡村大比武""最美宜居家庭""爱心超市"等系列提升人居环境工作，老雷因收废品，家中有很多他觉得可以再利用的物品，堆得到处都是，为了支持村小组的工作，为村小组奉献自己的一份薄力，作为自己回馈社会的事情，老雷主动将家中的物品摆放整齐、打扫干净，在贫困户中甚至村民中起到了带头作用。每一次村内开展爱国卫生活动老雷从不缺席，知道巴亚村"挂包帮"单位到巴亚村开展提升人居环境活动后，老雷主动提着锄头就过来，笑着对大家说："我也来。"

多年来的拮据生活，父亲去世的巨大打击，并没有击垮这个男人，反而加深了他对责任的理解，对亲情的珍惜。面对哥哥一家的困难，他不离不弃，感恩自己不在家的这些年哥哥悉心照料老父亲。周围的村民在谈论起老雷时，都纷纷竖起大拇指。侄姑爷要买车，资金不足，老雷二话不说拿出1万元帮助侄姑爷买车；看到哥哥家中有小孩，老雷自己未婚，带孩子却是一把好手，经常可以看到他在闲暇之余帮助哥哥一家带孩子，在驻村工作队队员走访他家时，老雷总是提前将房屋打扫干净，摆好茶水，坐等工作人员到家。

151

在脱贫的路上，老雷树立了劳动光荣、勤劳致富的荣辱观，发挥自身能动性，创造出属于自己的新生活。贫穷并不可怕，可怕的是放弃了对美好生活的向往。老雷的光荣脱贫不是偶然，是他起早贪黑辛勤劳动的结果，也是一批批扶贫人共同努力的结果。

携手同行迈向共同富裕

1950 年，共产党把希望的火种带到了基诺山，从原始社会直接过渡到社会主义社会，基诺族人民从此翻身做主人。

20 世纪六七十年代，"以粮为纲，全面发展，多种经营"，让基诺人民学会了种田种菜，通过自力更生吃饱了饭。

1979 年，基诺族被国务院确认为单一少数民族，自此 56 个民族大家庭一个都不少，基诺族与各族兄弟姐妹紧紧拥抱在一起，团结奋进，开创未来。

20 世纪 80 年代，改革开放"科技上山"，包产到户"林业三定"，解放了生产力，砂仁等经济作物的有效推广，让一代基诺族同胞背上了书包上学堂。

20 世纪 90 年代，"两山扶贫"开启，基诺族乡被列为扶贫综合开发示范乡，基诺族乡茅草房、土泥路逐步被消灭，原始落后的村貌一去不复返。

2000 年 4 月，云南省政府现场办公会确定对景洪市基诺山和勐海县布朗山进行整体扶持，列为"两山"扶贫综合开发项目。

2005 年，国家民委等五部委再次将基诺族列入人口较少民族扶持规划，基诺族乡实现了基础设施的全面升级，基诺人民有房住、有衣穿、有饭吃、有钱用、有书读，实现了"四通五有一消除"目标。

党的十八大以来，云南省重点实施"3121"工程，基诺族乡成为示范点重点帮扶的乡镇。

2015 年，基诺族乡同全国一道打响了轰轰烈烈的精准扶贫脱贫攻坚战役。

2019 年，基诺族整族脱贫，完成了基础设施、社会公益事业、安居工程、农田水利、生态环境、科技培训及产业开发七大建设项目。实现基本小康的目标，奔向了共同富裕的美好未来。

经过 70 年的发展，星星之火燃起灿烂的霞光。在党和各民族同胞的关心和支持下，勤劳勇敢、淳朴善良的基诺族人民，自强不息，奋力前行，把一个个困

难攻坚克服，把一个个梦想变成了现实，社会经济取得巨大成就，基础设施建设日趋完善，民族文化得以弘扬发展，民族团结进步显著，民生福祉不断提升，贫困发生率降至零。基诺人民实现了想都不敢想的历史性飞跃，从重山阻隔"双耳不闻山外事"的落后，从刻木记事刀耕火种的贫困，仅用70年的时间，到如今走完了人类社会几千年的历史进程，书写了基诺族对于人类减贫事业历史的传奇。

这段跨越千年的奇迹，证明了"马克思主义行，中国共产党能，中国特色社会主义好"。在中国共产党的带领和社会各界力量的帮扶下，作为"直过民族"的基诺族与全国各族一同投身于社会主义建设事业，团结协作、锐意进取，不断创造了改天换地、伐毛洗髓的奇迹。

党的光辉照边疆，边疆人民心向党。基诺族抚今追昔，饮水思源。面对今天焕然一新的幸福生活，基诺族深切体会到：没有共产党就没有新中国，少数民族和民族地区的成长进步离不开祖国大家庭的温暖怀抱。基诺族人民感恩共产党，听党话、跟党走，心怀对祖国深深的热爱与认同，感激各族人民携手相助的手足之情。

如今，团结友善、文明开放、繁荣幸福、自信自强的基诺族人为幸福的小康生活而放声歌颂，为祖国的繁荣富强感到无上的荣耀。脱贫只是第一步，基诺族正站在全面建成小康社会的崭新起点上，和全国各族人民一起携手奋进，建设富强民主文明和谐美丽的社会主义现代化强国，共同努力实现中华民族伟大复兴的中国梦！

参考文献

[1] 杜玉亭 . 基诺族简史 [M]. 昆明：云南人民出版社，1985.

[2] 杜玉亭 . 和而不同的中国民族学探索 [M]. 昆明：云南大学出版社，2009.

[3] 《云南省景洪市文史资料选辑》编委会 . 云南省景洪市文史资料选辑：第一辑 [M]. 出版者不详，1993.

[4] 高发元 . 云南民族村寨调查：基诺族——景洪基诺山基诺族乡 [M]. 昆明：云南大学出版社，2001.

[5] 姚荷生 . 水摆夷风土记 [M]. 昆明：云南人民出版社，2003.

[6] 郑成军 . 边疆人民心向党 [M]. 昆明：云南人民出版社，2021.

[7] 徐何珊 . 雨林基诺舞大鼓 [M]. 昆明：云南人民出版社，2021.

后　记

在我国 28 个人口较少民族中，云南省就有 8 个。国家历来比较重视云南人口较少民族的贫困与发展问题，作为社会主义国家，实现人民群众的共同富裕是社会主义的本质要求，不允许任何一个地区、任何一个族群，长期处于落后贫困的状况。改革开放后，我国整体发展驶入了快车道，但是对于人口较少、经济社会基础薄弱的少数民族而言，囿于历史、区位、发展基础等条件的限制，脱贫难度较大，对其扶贫具有一定的特殊性，脱贫经验的总结也就具备了学科意义上的典型性。

回顾历史，自脱贫攻坚战全面打响后，云南把"直过民族"和人口较少民族列入脱贫先行攻坚计划，因地制宜，创新实践"一个民族聚居区一个行动计划、一个集团帮扶"攻坚模式。值得铭记的是，2019 年 4 月，云南省宣布独龙族、基诺族、德昂族 3 个人口较少民族在全国 28 个人口较少民族中率先实现整族脱贫。到 2020 年 11 月，随着怒族、傈僳族实现整族脱贫，云南省 11 个"直过民族"和人口较少民族已全部告别了绝对贫困。整个云南以大无畏的精神和态势取得了历史性突破。作为普通科研工作者，通过对人口较少民族脱贫政策和实践的具体研究，试图为国际脱贫事业提供区域示范和典型经验启示。

生命力的永不休止在于传承，学术的延续需要每一代人付出共同的努力。笔者的老师杜玉亭教授自 20 世纪 50 年代就只身到基诺山进行基诺族民族学识别，自该民族官方确认以后，杜老师一直持续关注和深入研究，成果颇多，笔耕不辍。数十年以后，接力棒到了笔者的手上，十余年追随、十余年执着、十余年陪伴，对该民族的时代性研究挑战尤其大，但我无怨无悔。在这个过程中，我们亲眼见证了道路的变化、房屋的变化、习俗的延续。

时代在变，不变的是基诺族群众对党的拥护和坚定跟随。

本套书的出版源自《深山走出脱贫路——云南人口较少民族脱贫发展之路》

157

丛书主编杨泠泠老师的邀请，在本书撰写过程中得到了云南省社会科学院、基诺山基诺族乡政府等单位和相关部门的大力支持。书中的大量实地访谈、调研，以及资料数据的获取得到了基诺山基诺族乡各级领导、工作人员以及基诺族乡亲们的热情帮助，在此一并诚挚致谢！

本书还有很多不足，还望业界同行、广大读者斧正。

编者